SYBILLE ALEXANDER
Der Harfenspieler

DER HARFEN-SPIELER

Neue und alte gälische, irische und
schottische Geschichten

nacherzählt von
SIBYLLE ALEXANDER

Einbandgestaltung unter Verwendung
eines irischen Flechtbandes
von
GERTRUD PFEIFFER

J. Ch. Mellinger Verlag Stuttgart

ISBN 3-88069-367-6
© 1999 J. Ch. Mellinger Verlag GmbH Stuttgart
Gesamtherstellung: Wiener Verlag, Himberg bei Wien

Das Lied der Heiligen Brigid

Christus, König der Elemente, höre mich!
Erde, trage mich,
Luft, erhebe mich,
Wasser, erquicke mich,
Feuer, reinige mich.

Christus, König der Elemente, höre mich!
Ich will die Lasten der Erde mit dir tragen,
Ich will mein Herz durch die Luft zu dir erheben,
Ich will meine Begierden aus Liebe zu dir reinigen,
Ich will mein durch dich erquicktes Leben dir weihen.

Christus, Du König der Elemente, höre mich!
Erde, Feuer, Luft und Wasser,
webet in meinem Herzen noch heute
eine Wiege für deine Geburt.

Inhaltsverzeichnis

Einleitung

In diesem dritten Band keltischer Geschichten finden sich Beispiele aus der Blütezeit Schottlands, als Sankt Andrews als älteste Universität der Britischen Inseln Studenten von nah und fern anzog, mehr Ärzte ausbildete als Oxford; und Brückenbauer und andere Ingenieure nach Übersee schickte. Es bestanden gute soziale Verhältnisse, und nur der ständig drohende Schatten englischer Überfälle bedrängte das Borderland.

Die Insel St. Kilda war damals besiedelt. Die isolierte Bevölkerung hatte oft bessere Lösungen sozialer Probleme als z. B. Glasgow. Die Witwen erhielten Hilfe und Unterstützung von ihren Nachbarn, das Boot war gemeinsames Eigentum, und die täglichen Arbeiten wurden im Parlament der Ältesten jeden Tag gerecht verteilt. Viele Einzelheiten der Geschichte „Das Jahr des Jonathan" beruhen auf Wahrheit. Es gab tatsächlich einen Mr. Martin, dessen Aufzeichnungen erhalten sind. Heute gehört die Insel den Seevögeln, die dort nisten.

Hineingewoben in die Geschichte „Die blaue Insel" ist altes Weisheitsgut der irischen Kelten, die ein phänomenales Gedächtnis besaßen und für die selbst das versunkene Atlantis noch Realität besaß. Sie erinnerten sich an die verschiedenen Schulen, genannt Saturn-, Mars- oder Sonnen-Orakel. Die Heilung der Erde hing von der Sonne ab, und ihr ist der herrliche Goldschmuck geopfert worden, den der heutige Besucher in Dublin sehen kann.

Mit echt irischer Übertreibung spricht der Wirt vom „heitersten Haus in der westlichen Welt". Trotz aller Not und Ungerechtigkeit ist es einem jungen Mädchen möglich, nicht bitter zu werden, ihr Schicksal anzunehmen und mit Hilfe der Elementarwesen den Hof vor der Habsucht der stolzen Herrin zu schützen.

In erschütternder Klarheit offenbaren die ältesten Erzählungen, daß die Zwerge leiden, wenn ein Mensch lügt, stiehlt oder ein Mädchen betrügt. Das Kleine Volk findet Wege, die Schuldigen zu strafen. Wird ein Unschuldiger bestraft, helfen sogar die Fische im Meer, daß Gerechtigkeit geübt wird, und der Bischof selber findet sein Gericht.

Die enge Beziehung zwischen Mann und Pferd oder Hund klingt im „Jockei" und „Borris" an. Keltische Gebete helfen auch in Australien, wie in „Die Schlange".

Welchen Gewinn hat der moderne Leser von diesen archaischen Geschichten? In unserem Jahrhundert ist der Planet Erde ernsthaft bedroht und immer mehr, vor allem junge Menschen, entwickeln den Helferwillen und sind bereit, Zeit und Energie zu opfern, um den Boden gesunden zu lassen, die Flüsse zu reinigen und sich für Tiere einzusetzen, die vom Aussterben bedroht sind. Mit kleinen Booten wagen sich Mitglieder der Greenpeace-Bewegung gegen Riesentanker oder protestieren gegen Atomkraftwerke. Es beginnt wieder ein Verständnis dafür, daß es in Erde, Wasser, Luft und Feuer WESEN gibt und wir Menschen mit ihnen zusammenarbeiten müssen, wollen wir der Verschmutzung und Ausbeutung der Erde Halt gebieten.

Gerade in diesem Band ist die Gewißheit zu finden, daß der Arme, der Entrechtete oder Unterdrückte und Schwache im Gebet und in guten Taten die mächtigsten Waffen hat. Die Gnome freuen sich über jeden, der fromm, hilfsbereit und fleißig ist, der beten kann und Liebe zu Kindern und Tieren zeigt. Vor allem aber hat die Musik eine Kraft, die größer als äußere Macht ist, so daß man mit der Harfe die Freundschaft der Vögel und Fische gewinnen kann sowie die Liebe eines Volkes.

Nicht nur unsere Kinder brauchen Märchen, sondern auch Männer und Frauen im hektischen Alltag und alte Menschen am Abend ihres Lebens.

Dieser Band ist den Lesern in allen fünf Kontinenten gewidmet, deren Briefe mich zum Schreiben angefeuert haben.

Sibylle Alexander

Der Harfenspieler

Vor langer Zeit lebte einst ein König in Schottland, der erst in späten Jahren geheiratet hatte. Als seine junge Frau einem gesunden Sohn das Leben schenkte, war er von tiefer Freude und Dankbarkeit erfüllt. Zur Taufe von Oran bereitete er ein prächtiges Fest vor. Er öffnete die Schatzkammer, um für alle Geschöpfe des Landes Speise und Trank vorzubereiten. „Keiner soll hungrig bleiben, weder Mensch noch Tier, weder Pferd, Kuh oder Schaf, weder Falke, Fasan noch Federvieh, weder Hund noch Katze", ließ er verkünden. In jedem Ort wurden lange Tische aufgestellt, auf denen ein reiches Mahl serviert wurde. Die Diener des Königs brachten Futter in die Ställe und auf die Weiden, kein Taubenhaus wurde vergessen, und das Volk feierte wie nie zuvor.

Oran wuchs unter der liebevollen Fürsorge der Eltern und einer gütigen Amme heran. Er war von sanfter Natur und hatte träumerische, dunkelblaue Augen und rotgoldenes Haar wie seine Mutter. Er war zierlich gebaut und fand keine Freude am Jagen oder Fischen. Lieber blies er die Flöte oder dichtete Verse und sang zur Harfe. Wenn er durch die Wälder wanderte, beobachtete er die Vögel. Er lauschte auf den Gesang der Lerchen, freute sich am Spiel der Ottern am Bach oder der jungen Füchse vor ihrem Bau.

Die Tiere hatten keine Scheu vor ihm, und die Hunde am Königshof leckten ihm die Hände.

Jeden Abend brannte ein großes Feuer in der Halle, wo Oran auf seiner Harfe die alten Volksweisen spielte. Oft kamen wandernde Sänger hinzu, die gerne so lange am Hof blieben, bis Oran von ihnen alle Melodien und Balladen gelernt hatte, die sie kannten. Reich beschenkt ließ er sie weiterziehen. Seine Lehrer übten Latein und Griechisch mit dem Prinzen, der Pfarrer lehrte ihn die Psalmen sprechen und die Gleichnisse verstehen. Der König selber aber bereitete ihn darauf vor, einst die Gesetze des Landes gerecht zu verwalten.

Es kam der Tag, an dem Oran mündig gesprochen wurde und sein Vater ihn nach seinen Wünschen fragte. „Es ist meine Hoffnung, nach Wales zu segeln, wo die Kunst der Barden am Vollendetsten gepflegt wird. Ich glaube, die hohe Schule der Musik und Poesie wird mir die Fähigkeit geben, einst ein guter König zu werden." Der Rat der Ältesten stimmte dem Wunsch zu.

Der König ließ eine Kiste aus Eichenholz bauen, in die kostbarer Schmuck, Gold und Edelsteine gelegt wurden, um der Schule das Lehrgeld zu zahlen. Die Frauen am Hof webten Stoffe, aus denen gute Kleider genäht wurden, dazu einen weiten, warmen Mantel mit einem Kragen aus Fell. Von dem Hafen an der Westküste kam die Nachricht, ein Schiff sei bereit, nach Wales zu segeln und den Prinzen mitzunehmen.

Viele Freunde begleiteten Oran zum Hafen. Der Kapitän erhielt eine gute Summe Geldes, und die Kiste wurde an Bord gebracht. Ein günstiger Wind trieb das Schiff nach Süden. Oran gewöhnte sich an den Rhythmus der Wellen und komponierte neue Lieder. Er saß stundenlang im Bug und spielte auf seiner Harfe. Bald folgten Seevögel und große Fische dem Klang. Zwei Delphine kamen ganz nahe heran, und Oran schloß Freundschaft mit ihnen. Er fütterte sie jeden Tag, und oft sang er für sie. So näherten sie sich der Insel Anglesey. Oran freute sich auf den Beginn seiner Studien.

Doch unter der Mannschaft waren zwei Diebe, denen der Neid keine Ruhe ließ. Sie suchten jede Gelegenheit, die Seeleute aufzuwiegeln, und sprachen davon, wie hart das Leben auf See sei, und daß sie nie wieder die Gelegenheit haben würden, einen so großen Schatz untereinander zu teilen wie den des Prinzen.

Nur noch eine Tagesreise trennte das Schiff vom Hafen, da überwältigten die Matrosen den Kapitän, brachten ihn unter Deck und fesselten Oran an den Mast. „Du hast ein Leben voller Luxus verbracht, während wir Tag und Nacht für dich geschuftet haben. Bereite dich auf deine letzte Stunde vor!"

Da flehte der junge Prinz um sein Leben. „Gerne gebe ich euch meinen Schatz mit eigenen Händen, nur setzt mich ans Land, mehr verlange ich nicht." – „Wir glauben dir nicht. Du wirst uns verfolgen und töten lassen. Nein, du mußt sterben!" – „So laßt mich mein letztes Lied spielen", bat Oran. Seine Bande wurden von Walter, einem alten Seemann, gelöst, der ihm zuflüsterte, er würde lieber mit ihm sterben als ihn berauben.

Oran spielte und sang wie nie zuvor. Seine Hände griffen in die Saiten. Liebe, Wehmut, Trauer und Leid sprachen aus den Melodien.

Die Seeleute verstopften sich die Ohren, die Vögel dagegen kamen von Norden, Westen und Süden, Scharen großer Fische schwammen nahe heran. Der Wind begann doppelt stark in die Segel zu blasen, um das Schiff der Küste im Osten näher zu tragen. Jäh brach das Spiel ab. Mit der Harfe in der Hand sprang Oran über Bord, gefolgt von dem alten treuen Seemann. Gemeinsam schwammen sie der Insel Anglesay zu, die im Osten aufgetaucht war. Die beiden Delphine begleiteten sie und halfen ihnen, den Strand zu erreichen.

Die Meuterer stürzten sich auf die Schatzkiste, wilde Flüche wurden ausgestoßen, ein Ringen begann, und Messer blitzten auf. Von oben herab stießen große Vögel auf das Deck hinunter, schlugen ihre Krallen in die Matrosen, hackten ihnen die Augen aus und peitschten die hilflosen Seeleute mit ihren Flügeln in das Meer.

Der Kapitän fand sterbende Matrosen an Deck, als er sich endlich befreit hatte. Er wurde von den Vögeln geschont und konnte das Schiff dem Land zusteuern. Noch war die Schatzkiste an Bord. Er schwor, sie dem König zurückzubringen. Den Prinzen hielt er für tot.

Oran aber hatte an Land eine trockene Höhle gefunden. Walter, der Seemann, zündete ein Feuer an und bereitete ihm ein Lager aus Farnkraut. Er wachte, während der Jüngling schlief. Zwei Mönche kamen am nächsten Morgen ans Ufer, wo die Leichen der Seeleute angeschwemmt waren. Dort fand Walter sie, und erschüttert berichtete er von der Meuterei. Das Kloster bot ihm und Oran so lange Gastfreundschaft an, bis sich beide erholt hätten und den Weg zur Schule der Barden aufnehmen könnten.

Wales war damals ein Land, in dem wilde Tiere die Wälder unsicher machten. Von Bangor nach Gwynned wanderten die ungleichen Freunde nach Süden, bis sie zu den alten Zinnbergwerken kamen, in denen wilde Katzen Unterschlupf gefunden hatten. Walter hatte Angst, wenn sie mit glühenden Augen im Dunkeln auftauchten und ihre Krallen zeigten. Oran aber spielte seine Harfe, bis die Tiere sich kuschelten, um zuzuhören, und dieses war sein Lied:

Oh kämpfender Michael,
Du König der Engel,
Schütze dein Volk mit der Macht deines Schwertes.
Breite deine Flügel
Über Meer und Land,
Über Ost und West,
Über Nord und Süd,
Und schütze uns vor dem Bösen.

Erleuchte dein Fest
Aus himmlischer Höhe,
Sei bei uns auf unserer Wanderschaft
Und im wechselnden Glück unseres Lebens.

Du König der Könige,
Du König der Armen,
Sei bei uns auf der Fahrt über Land
Und in den Schnellen des Flusses.

Oh starker Michael,
Du König der Engel,
Dein ist die Fülle
Über Meer und Land und Fluß.

Es wurde Herbst. Die Schule der Barden konnte nicht mehr weit sein. Walter war erschöpft und lag in tiefem Schlaf, als Oran, von einer inneren Stimme gerufen, das Nachtlager verließ und allein unter dem Sternenhimmel stand. Er lauschte der Sphärenmusik und hörte eine Harmonie der Klänge von zauberhafter Schönheit. Da flog ein Engel herab, der in der Hand glühende Kohlen trug. Damit berührte er die Lippen des Prinzen. „Keine kindischen Lieder, keine törichten Verse, keine lieblosen Gedichte dürfen je von deinen Lippen kommen. Loben und Preisen und Danken sei dein Ziel. Dichte für Kinder und Greise, für Helden und Könige, für Frauen und Heilige; aber dichte nicht für eigenen Ruhm. Schweige drei Tage, lerne drei Jahre, herrsche den Rest deines Lebens. Ich, dein Engel, werde dich nie verlassen."
Stumm stand Oran unter den Sternen. Seine Lippen brannten. Seine Glieder wurden schwer. Der Engel verschwand für seine irdischen Augen. Oran schlief einen tiefen Schlaf. Längst war Walter erwacht und hatte ein Feuer angezündet und Frühstück bereitet. Nachdem Oran endlich erwachte, vermochte er keinen Bissen zu essen und kein Wort zu sprechen. Stumm wanderte er die letzten Meilen zur hohen Schule der Barden in Dyfed, wo er mit offenen Armen empfangen wurde.
Unter den christlichen Lehrern waren manche mit einer echten Druidenausbildung. Diese uralte Geistigkeit prägte den

Unterricht, brachte Farbe in die Feste und verband die Schüler mit der Natur. Die Druiden erkannten in Oran einen Eingeweihten, der durch Prüfungen von Wasser und Feuer gegangen war und trotz seiner Jugend den anderen Schülern weit voraus war. Es war wohl die schwerste Prüfung für den Prinzen, ohne alle Mittel dazustehen. Er war es gewohnt zu geben und mußte nun empfangen lernen. Bei allem war ihm Walter eine Hilfe. Er machte sich im Kollegium nützlich, erzählte gerne von der dramatischen Seereise und versprach, immer bei Oran zu bleiben.

Die Zeit war erfüllt mit Gesang und Gedichten, intensivem Studium und gemeinsamem Beten. Etwa 400 Verse wurden auswendig gelernt, von denen einige von der Zeit der Sintflut, von Noah und seinen Söhnen sprachen, von der Erschaffung der Erde, von Luzifer und den Erzengeln, von Merlin und König Arthur. Hier sind zwei Beispiele:

Der schwarze Turm

Dort in dem Grab stehn die Toten kerzengrad,
Und die Winde stürmen vom Meer:
Sie rasseln, wenn die Stürme brüllen,
Alte Knochen auf den Bergen rasseln …
Und das Meer ist vom Gongschlag durchtönt.

Ein Lieblingslied von Oran hieß:

Der Vogel

Der kleine Vogel
flötet
aus der Spitze seines hellgelben Schnabels.
Die Amsel
von einem Zweig aus, beladen mit Blüten,

wirft ihren Ruf
weit über das Wasser nach Irland hinüber.

Die meisten Schüler kamen aus Wales. In den Ferien wanderten
sie heim, um mit einem Sack Mehl oder anderen Gütern zu-
rückzukehren, womit sie ihr Schulgeld zahlten. Oran widmete
diese Zeit dem Kopieren alter Handschriften, und es ergab sich
manches gute Gespräch mit den weisen Lehrern. Oran dichtete
kurze, sparsame Verse, die er zur Harfe sang, wenn abends das
Feuer brannte und die Hunde schliefen:

Er kam ja so still,
wie seine Mutter still war,
wie Tau im April
sanft auf die Wiese fällt.

Von Jahr zu Jahr wuchs Orans Dichtkunst und damit sein
Selbstvertrauen. Das Meisterstück seiner Lehrjahre war eine
neue Hymne:

Du Erzengel Gabriel, bring mir die weißen Sterne
    des Winters,
Die Sterne der Lilien und der Schneekristalle,
Auf daß der Segen des lebenspendenden Wassers und
    der Strahlen des Mondes
In meine Tiefen fließen und strahlen kann.

Du Raphael, bring mir die grüne Gnade des Frühlings
Im aufsteigenden Saft der jungen Blätter,
Auf daß der Segen des Atems und der Musik des Heilens
In mir weben und tönen kann.

Du Uriel, bring mir die hellrote Flamme des Sommers
Aus der goldglänzenden Himmelshöhe der Luft,
Auf daß der Segen von Rosen und Regenbogen
In mir springet und tanzet.

Du Michael, stoße tief dein blaues Schwert des Herbstes
Dorthin, wo der dunkle Drache lauert,
Bis der Segen des Eisens im Blute
Und die Meteore in mir wirken und schaffen.

Die Krönung der drei Jahre war ein feierliches Mahl und ein
Liederwettbewerb mit Preisen für Gesang, Harfenspiel und
Dichtkunst. Danach rüstete sich Oran für die Reise und wanderte mit Walter zum nächsten Hafen in Swansea, wo ein Schiff
nach Schottland bereit lag. Walter und Oran waren willkomme-
ne Helfer an Deck. Der Golfstrom trieb das Schiff mühelos
nach Norden, die Küste von Wales begleitete sie bis nach Anglesay, und die Ereignisse der Hinfahrt traten lebhaft vor die
Augen der Heimkehrenden. Und wieder lockte das Harfenspiel
Vögel und Fische an.
Am Hofe des Königs aber herrschte tiefe Trauer, nachdem der
erste Kapitän die Truhe zurückgebracht hatte und die Meuterei
beschrieb. Die Königin glaubte nicht an den Tod ihres geliebten
Sohnes. Ihr Herz sagte, daß er lebe und heimkehren würde.
Andere Schloßbewohner dagegen hofften, sich das Erbe zu tei-
len, um nach dem Tode des alten Königs zu herrschen.
Besonders Gorland, der jüngere Bruder des Königs, übernahm
viele Entscheidungen. Er ging täglich auf Jagd, und wehe dem
Untertanen, der auch nur einen Hasen gefangen hatte, um seine
Kinder zu ernähren! Er mußte eine hohe Strafe zahlen und das
Tier abgeben. Das erzeugte böses Blut. Jeder Schotte sah das
Wild im Wald und die Lachse im Fluß als sein Gut an und
wehrte sich gegen die Gebühren, die er nun entrichten mußte,
ehe er die Angel ins Wasser ließ.
Die Königin lud gerne Musiker ein, gab ihnen gutes Essen, ließ
sie abends spielen und erzählen und bereitete ein Nachtlager für
die wandernden Barden. Insgeheim fragte sie dann, ob es Nachricht von Oran gäbe, und wirklich erfuhr sie von dem blinden

Angus, er habe davon gehört, in Wales sei ein wiedergeborener Orpheus in der Bardenschule. Er konnte jedoch nichts Genaues sagen.

Ungeduldig sehnte Prinz Oran das Ende der Reise herbei. In jedem Hafen fragte er, wie es im Reiche seines Vaters stünde. Ein düsteres Bild erhielt er von Auswanderern, die vom Siechtum des Königs, vom Geiz des Nachfolgers, vom Tod des Erben sprachen, ohne zu ahnen, wer der Fragende sei. Walter schlug vor, das Schiff schon früher zu verlassen, um zu Fuß die Hauptstadt zu erreichen. „Wir müssen uns auf einen schlimmen Empfang vorbereiten", meinte er. „Wer weiß, ob Späher versteckt sind. Wir haben keine Waffen und wären schutzlos jedem Attentäter ausgeliefert. Ich kenne einen Züchter, der die wildesten Hunde zähmen kann. Vielleicht überläßt er uns einige."

Oran stimmte zu. Der Freund Walters hatte prächtige Wolfshunde im Zwinger, die als Wachthunde dressiert waren. Auch er hatte schlimme Gerüchte über den Rivalen des Königs gehört. Oran faßte Vertrauen und offenbarte seinen Plan. Er wolle als wandernder Barde zum Schloß gehen, um den Thronräuber zu entlarven. Er zog eine Flöte heraus und spielte für die Hunde, die schwanzwedelnd zu ihm kamen. „Selten habe ich meine Tiere einem Fremden gegenüber so zahm erlebt. Gerne weihe ich euch in die Geheimnisse meiner Dressur ein. Dann könnt ihr mit einem einzigen Pfiff die Hunde zum Angriff rufen. Aber verkleidet euch vorher. Es ist nötig, die Wolfshunde an euch zu gewöhnen. Ein alter Mantel von mir, ein Schlapphut und dieser Schal genügen, um euch unkenntlich zu machen."

Oran und Walter verließen den Freund mit drei großgewachsenen, muskulösen Wolfshunden, die Harfe war als unkenntlicher Packen verschnürt. Walter ging am Stock, als wäre er ein alter Mann. „Ich werde mich taub stellen, dann erfährt man manches. Wir müssen uns ohne Worte verständigen", sagte Walter. Sie verabredeten unauffällige Zeichen.

„Bald kommen wir an ein Häuschen, wo meine betagte Amme wohnt. Sie wird uns manches erklären können", meinte Oran. Wirklich wußte Mary, was im Schloß vorging, wo Gorland herrschte, der verhaßte Onkel. „Du hast als Kind dein Gesicht in meinem Schoß vergraben, wenn er auf Besuch kam. Das war damals selten. Jetzt kehrt er kaum in seinen Wohnsitz, den Peelturm, zurück. Es wird gemunkelt, dort lägen Gefangene im Verlies, die er hungern lasse. Auch fürchten viele, dein Vater wäre vergiftet. Er siecht dahin, und deine Mutter versorgt ihn jetzt mit eigener Hand. Wir alle seufzen unter hohen Abgaben. Du darfst Gorland nicht unterschätzen. Deine Verkleidung ist gut. Wage dich ruhig ins Schloß. Ich bete für dich und unser Land." Mary segnete den Prinzen und hängte ihm ein Amulett um den Hals.

Gegen Abend kamen zwei Bettler an das Schloßtor, wo ein Pförtner sie anhielt. „Wir kommen aus England und suchen Unterkunft", sagte Oran und zog seine Flöte heraus. „Dürfen wir am Hof spielen?" Der Pförtner erwiderte: „Der Königin ist jeder Musiker willkommen, aber erwartet keinen Lohn; es sind schlechte Zeiten." – „Brot, Bett und Futter für die Hunde ist alles, was wir nötig haben. Wir wollen die Tiere verkaufen." – „Ah, das wird unseren neuen Herrn interessieren", sagte der Pförtner und ließ sie ein. Oran atmete tief. Er war daheim! Und doch war er ein Fremder … alles war spürbar verändert. Der Hof war ungefegt, die Hunde lagen angekettet und jaulten unerfreulich. Eine Magd wies ihm den Weg zur Halle, als wisse er nicht, wo er sei!

Walter bat darum, in die Küche geführt zu werden. Oran war allein. Auch hier lag Staub auf den Wandbehängen, das Feuer brannte matt, die Diener setzten schweigend die Tische auf, und niemand erkannte den Prinzen. Nur ein Windspiel kam zu ihm und wedelte mit dem Schwanz. Sein treuer Hund roch an seinen Händen und kuschelte sich neben ihn.

Der König wurde hereingetragen. Orans Mutter und mehrere Mägde kamen. Wo aber waren Fergus, Donald und Angus? Diese drei Ritter standen doch früher stets neben seinem Vater? Ein Verdacht stieg in Oran auf. Ob diese Treuen im Kerker darbten?

Die Tür ging auf, der dunkelbärtige Gorland trat ein, und die trägen Diener strafften sich. Jemand warf Scheite ins Feuer, andere trugen Krüge zur Tafel, das Essen kam herein. Oran sah entsetzt die Züge des Thronräubers. Deutlich flackerte eine Aura um die Gestalt, die Böses verriet, gnadenlos Böses, gespiegelt in der Furcht aller Anwesenden.

Oran hob seine Flöte an die Lippen und spielte eine fremde Melodie aus Wales. Er steigerte sein Spiel, ließ Jagdgesänge ertönen, kunstvolle Triller, ahmte Hörnerklänge nach, und siehe da, Gorland lächelte und trank dem Bettler zu. Ganze Krüge leerte er, bis sein Haupt schwer wurde und auf die Brust sank. Inzwischen hatte Oran seine Eltern beobachtet; er sah, wie die Mutter jede Speise prüfte, jeden Kelch zuerst kostete und kaum zu ihm hinsah. Nun folgten sanfte Töne, vertraute Melodien und schließlich das Schlaflied, mit dem die Amme ihn jeden Abend zur Ruhe brachte. Die Königin schaute dem Prinzen in die Augen, und er nickte. Dann verschwand er in der Küche.

Ein paar Soldaten lungerten herum. Walter schälte Rüben, blieb teilnahmslos zwischen den Schwatzenden und formte die Hand zum Hörrohr, wenn ihn jemand ansprach. „Verflucht, wir müssen heute noch zum Peelturm", meinte einer der Soldaten und setzte hinzu: „Packt genug zu essen ein, wir wollen nicht auch zu Skeletten werden." Ein rauhes Lachen folgte.

Eine Hofdame trat ein, die Oran von früher kannte; auch sie war gealtert. „Die Königin schenkt euch diese alten Sachen", sagte sie laut und fügte leise hinzu: „Kommt in drei Tagen zur Ratsversammlung und bringt Verstärkung mit. Hier drin sind Festkleider für euch." Sie verschwand. Oran schaute sich in der

Küche um, wo er nur den Schäfer, den Gärtner und zwei Stallknechte erkannte, sonst waren Fremde am Tisch, rohe Kerle, die dem billigen Bier zusprachen.

Oran sah die Soldaten hinausgehen; er hörte bald darauf Hufschläge und gab Walter ein Zeichen. „Wir müssen ihnen nach! Komm und bring die Hunde." Im Stall waren Pferdeknechte beim Füttern. „Brian und Gael, kennt ihr mich noch?" Erschrocken fuhren sie herum. „Pst, kein Wort! Um meines Vaters willen gebt uns Pferde, die schnellsten und besten." Brian fiel auf seine Knie. Gael folgte ihm, aber Oran hob sie auf. „Dank für eure Treue! Helft mir, die Gefangenen zu befreien. Ich komme bald wieder. Inzwischen sollt ihr niemandem von meiner Rückkehr erzählen. Laßt nur die Botschaft ausgehn, in drei Tagen sei ein Fest, zu dem alle Männer, Frauen und Kinder eingeladen sind, die dem alten König treu sind, aber den Verrätern sagt nichts. Tut so, als sei nichts geschehen."

„Hier am Hof steht es schlimm, das spüren sogar die Tiere; aber unter denen, die sich an die gute Zeit erinnern, gibt es keine Verräter. Wir konnten die Pferde des Königs pflegen und erhalten, nehmt sie. Möge das Glück euch hold sein." Gael war schon beim Aufsatteln und half Walter hinauf. Oran sprang in den Sattel. „Lebt wohl und betet für uns!"

Die Abendluft war scharf, der Wind blies die Wolken nach Süden und den Reitern in den Rücken. Statt den breiten Weg zum Peelturm zu nehmen, schlug Oran einen schmalen Jagdpfad ein; die Hunde folgten, es ging rasch voran. Nach einer Stunde sahen sie die Umrisse des Turmes auftauchen. Sie hörten Stimmen. In den Fenstern leuchtete Licht auf. Außer den beiden Soldaten schien nur ein Wärter im Turm zu sein. Oran stieg ab und half Walter herunter, der die Pferde festband und die Hunde an die Leine nahm. Noch stand das Tor weit offen. Das plötzliche Auftauchen der beiden mit den großen Hunden erschreckte sowohl die Soldaten wie den Wärter. „Im Namen des

Königs, laßt uns ein!" rief Oran. „Wer seid ihr?" kam die Frage zurück. „Abgesandte eures Königs! Wir verlangen die Gefangenen zu sehen, und wehe, sollte ihnen ein Leid geschehen sein."

Die Soldaten versuchten ihre Waffen zu ziehen. Bevor sie dazu kamen, drängten die Wolfshunde sie gegen die Wand. Die Schwerter fielen zur Erde. „Gehorcht uns, oder ihr endet im Kerker!" rief Oran, und sich zum Wärter wendend: „Her mit den Schlüsseln. Weist uns den Weg!" Walter fesselte die Soldaten, er trug als Seemann stets Stricke bei sich. Dann kümmerte er sich um deren Pferde, die unruhig wieherten. Er blieb am Tor, während Oran die Steinstufen in den Keller hinunterstieg, von dem bestürzten Wärter gefolgt.

Der eiserne Schlüssel drehte sich im Schloß, die schwere Tür knirschte in den Riegeln; drei hagere Gestalten blickten mit weitgeöffneten Augen dem Prinzen in seiner Verkleidung entgegen. „Fergus, Donald und Angus, Freunde meines Vaters! Kommt ans Licht! Ich bin ein Bote des Königs."

Tastend suchten die Gefangenen die Stufen. Mit schleppenden Schritten erstiegen sie die Treppe. Oran half dem Ältesten, dem treuen Fergus, nach oben. Der Wärter führte sie den Weg zur Küche, dem einzigen Raum in dem trostlosen Turm, wo ein Feuer brannte. Aus den Satteltaschen der Soldaten kam das Paket mit Speisen. Walter goß Tee auf, während der Wärter die beiden Gefesselten unten im Kerker einschließen mußte.

Rasch berichtete Oran von der Lage im Schloß. Er bat darum, sein Geheimnis zu wahren und versprach, in drei Tagen bei der Ratsversammlung Fergus, Donald und Angus wieder in ihre Ämter einzusetzen. „Wir wurden vom König nach Wales geschickt, einer nach dem anderen; aber Gorland überwältigte uns, und niemand wußte, wo wir waren." Der Wärter kehrte mit dem Schlüssel zurück. Walter warnte: „Bedient diese hohen Gäste, und solltet Ihr Verrat üben, paßt auf! Im Kerker ist auch für Euch Platz." Die Warnung genügte. Oran schaute erschüttert zu, wie die abgemagerten Männer ihre erste Mahlzeit in Freiheit genossen. Dann gab er ihnen die Schwerter mit der Bitte, in den nächsten Tagen still im Turm zu bleiben, sich, so gut sie konnten, zu erholen und die Soldaten einzeln gründlich auszufragen. „Wir müssen wissen, wieviel Macht Gorland wirklich besitzt. Heute sind die ersten Einladungen ins Land gegangen, um alle Untertanen zum Schloß zu laden, wenn der Rat zusammentritt. Ich hoffe, ohne Blutvergießen die Thronfolge zu lösen. Lieber kämpfe ich mit der Harfe als mit Waffen."

Der alte Wärter erneuerte seinen Schwur, dem König treu zu sein und statt Gorland nur dem König zu gehorchen. „Er teilte manchmal seine eigene knappe Ration mit uns", sagte Fergus.

Mitten in der Nacht wachte Oran auf. Es war ein sternenklarer Himmel und eine schmale Mondsichel stand im Süden. Im Innern sprach eine Stimme: „Mit der Harfe gewinnst du dein Königreich." Zuversicht erfüllte den Prinzen, und er fiel in tiefen Schlaf.

Ein reiches Frühstück gab den Befreiten neue Kraft, sie waren voller Pläne.

Oran strahlte die Gewißheit aus, das Land ohne Blutvergießen von Gorland zu befreien. Er ließ den Soldaten sauberes Stroh und ein angemessenes Frühstück hinunterschicken mit der Botschaft: „Der König will euch gerecht behandeln. Wartet sein Urteil ab."

Im Lande ging die Nachricht von dem kommenden Fest in Windeseile von Mund zu Mund. Die Frauen putzten ihre Kleider heraus, die Männer nahmen Fiedeln und Dudelsäcke hervor, die Kinder waren von Vorfreude erfüllt. Oran selber wurde nicht erkannt, als er auf das Schloß zuritt, um von Norden in den Garten einzutreten, der von hohen Mauern umgeben war. Er offenbarte sich dem Gärtner, dessen Treue er kannte. „Die

Königin ist im Sommerhaus", sagte Jakob, dem Tränen über die Wangen liefen. „Darf ich einen Korb mit Früchten für Euch füllen?" – „Gerne Jakob, wir haben drei hungrige Freunde zu versorgen."

Innig war die Begrüßung von Mutter und Sohn. Mit Dank hörte sie von der Befreiung der drei Ritter. Gemeinsam eilten sie zum König, der neue Hoffnung geschöpft hatte, als er von Orans Wiederkehr vernommen hatte. „Gorland ist auf Jagd. Höre meinen Entschluß: Noch heute soll er erfahren, daß ich die Krone abgebe und der Nachfolger am Sonntag vor dem Volk bestimmt werden soll. Solange er nicht weiß, daß du lebst, wird er des Sieges sicher sein. Komme du als Harfner verkleidet und spiele, wenn er seine Rede gehalten hat, ehe du dich dem Volk offenbarst." Er legte die Hände auf das Haupt seines Sohnes und segnete ihn.

Die Königin ließ Gewänder für die befreiten Ritter bringen. Mit frischen Früchten beladen, kehrte Prinz Oran zum Turm zurück.

Walter hatte die Zeit gut genutzt; noch hielten die Soldaten ihn für taub und sprachen unbesorgt in seiner Gegenwart über ihre Lage. Walter nahm Bürsten und Eimer mit warmem Wasser nach unten und befahl, den stinkenden Kerker zu schrubben. Scheinbar teilnahmslos saß er an der Tür. Haßworte drangen an sein Ohr, Haß gegen Gorland, der viel verlangte, wenig zahlte, einen Mann gegen den anderen aufhetzte und grausame Strafen austeilte. Auf diese Soldaten konnte Gorland sich kaum verlassen.

Fergus, Donald und Angus empfingen Oran mit vielen Fragen. Erst aber erhielten sie ihre Gewänder und taten sich an dem köstlichen Obst gütlich.

Walter berichtete, was er gehört hatte, und Oran prüfte die Soldaten, die offen bekannten, auch am Raub der Schatztruhe beteiligt gewesen zu sein. „Nachdem der Kapitän die Botschaft vom Tode des Prinzen gebracht hatte, ließ Gorland die Ritter überfallen, die einer nach dem anderen auf die Suche nach Wales geschickt worden waren. Er selber zog ungebeten ins Schloß ein. Man munkelte, er habe den König vergiften wollen, jedenfalls verursachte er das Siechtum. Er verbarg die Kiste hier im Turm, und wir kennen das Versteck!"

In der dicken Mauer war eine Höhlung, vor den Augen verborgen, wo die Schätze des Reiches lagen, die Oran zurückerhielt. Der Sonntag kam, ein wolkenloser Tag mit blauem Himmel. Oran legte die Prinzenkleider an, darüber den weiten Mantel, dazu Hut und Schal. Er nahm seine Harfe und ritt mit den drei Befreiten zum Schloß. Walter begleitete die Soldaten zu Fuß mit den Hunden. Sie trugen die Kiste. Der Aufenthalt im Kerker hatte eine Wandlung bewirkt. Sie hatten versprochen, dem wahren König Treue zu schwören.

Der weite Hof füllte sich mit Gästen, wohl jeder Ort hatte Teilnehmer gesandt. Eine Tribüne war für den Rat errichtet. Der Thron stand erhöht. Speisen waren gekocht, Weinfässer herbeigerollt, es war alles blitzblank geputzt, und jeder Gast wurde mit Trommelklang begrüßt. Gorland saß selbstsicher auf der Tribüne. Bald würde der Thron ihm gehören! Der König kam, von Dienern gestützt, herein. Neben ihm saß die Königin. Die Räte hatten sich versammelt. Da tönte eine Trompete, und der Harfenspieler betrat mit den drei prächtigen Hunden den Hof. Hinter ihm aber, verdeckt von Walter und den Soldaten, kamen die Ritter und setzten sich auf niedrige Stühle, den Moment der Enthüllung abwartend. Es legte sich eine tiefe Stille über die Versammlung.

Mit tönender Stimme rief Oran: „Ein Geschenk für Gorland, den Bruder des Königs!" Die Wolfshunde ließen sich zur Tribüne leiten, und Gorland nahm das kostbare Geschenk in Empfang. „Dankt dem Harfner!" rief einer der Räte. Gorland erwiderte: „Wahrhaftig eine würdige Gabe, fremder Harfenspieler, die ich wohl verdient habe. Ich habe das Land von wilden Tieren befreit, und diese Hunde sollen das Wild zerfleischen." Jagdmusik erklang, die Dudelsackpfeifer spielten auf, der Rat erhob sich.

„Aus freiem Willen legt unser geliebter König seine Krone nieder, wenn ein rechtmäßiger Erbe sie tragen kann. Wer Anspruch darauf erhebt, der möge sprechen!" Gorland stand auf.

„Als nächster Blutsverwandter des Königshauses verlange ich die Krone! Schon lange liegt alle Verantwortung bei mir. Wer Einwände hat, soll hervortreten."

Die drei Ritter standen auf und schritten nach vorne, ihre Medaillen blitzten in der Sonne. Gorland erbleichte. „Die erste Tugend eines Königs ist Gerechtigkeit. Wir klagen Gorland an, daß er uns drei Jahre im Kerker schmachten ließ, ohne Verhör, schuldlos gefangen, dem Hunger preisgegeben."

„Das ist eine Lüge!" schrie Gorland. „Nie habe ich persönlich die Hand an euch gelegt. Wo sind die Beweise?" Die beiden Soldaten kamen vorwärts. „Auf den Befehl von Gorland mußten wir diese Ritter abfangen, im Peelturm einsperren und ihnen Hungerrationen bringen."

„Verräter! Ihr verdient es, ausgepeitscht zu werden. Wo ist eure Ehre?" Die Räte standen auf. „Ruhe jetzt, die Anklagen werden später geprüft. Wer hat noch etwas vorzubringen?" Walter trat mit der Kiste vor: „Diese Schatzkiste fanden wir im Peelturm; es ist die gleiche, die vor drei Jahren mit Prinz Oran auf das Schiff kam, wo ich diente." Gorland rief: „Welche Schurken haben sie in meinen Turm gebracht? Wehe dem Dieb!" – „Ruhe! Der nächste Zeuge soll sprechen!" ertönte ein Ruf.

Nun trat Oran mit seiner Harfe hervor, allen sichtbar im weiten Mantel, das Haar unter dem Hut verborgen. „Hört mein Lied, hört es, ihr Treuen, und faßt Mut. Ich singe euch meine Mär. Schön ist dieses Land, und süß ist die Heimkehr aus der Fremde; doch tiefes Leid liegt auf dem Land, wo der König siecht und das edle Wild zu Tode gejagt wird, wo der Bauer bangt und am Hofe Haß statt Liebe herrscht. Weit von hier übte ich das Spiel der Harfe, um Weisheit im Klang der Musik zu finden. Die Fische im Meer retteten mich, die Vögel unter dem Himmel rächten mich. Mein Engel geleitete mich heim am rechten Tag, das Erbe anzutreten und die Krone des Königs zu erbitten, ich, Prinz Oran der Harfenspieler!" Der Mantel fiel zur Erde, das helle Haar leuchtete im Licht der Sonne, und aus allen Kehlen tönte Jubelgeschrei.

Da riß Gorland seinem Diener die Peitsche aus der Hand und schritt auf den Prinzen zu. Ehe er aber die Tribüne verlassen konnte, pfiff Oran kurz. Die drei Hunde stürzten sich auf Gorland, der wild mit der Peitsche um sich schlug. Zwei weitere Pfiffe, und die Tiere zerfleischten ihn. Keine Hand rührte sich zur Rettung des Verhaßten, Gorland war tot.

Stille trat ein, und der alte König stand auf. „Gorland hat sich selbst gerichtet! Mein wiedergefundener Sohn Oran tritt sein Erbe heute an. Gorlands Männer haben die Wahl, dem jungen König Treue zu schwören oder das Land zu verlassen. Wir werden eine gemeinsame Mahlzeit halten. Keiner im Reich soll hungrig bleiben, weder Mensch noch Tier, weder Pferd, Kuh oder Schaf, weder Falke, Fasan noch Federvieh, weder Hirsch, Hund oder Katze."

Alle standen auf, um den Segen zu empfangen:

Der Friede Gottes sei mit euch,
der Friede des Christus sei mit euch,
der Friede des Heiligen Geistes sei mit euch.
Die Liebe und Zuneigung der Engel sei bei euch,
die Liebe und Zuneigung der Sonne sei bei euch,
die Liebe und Zuneigung des Mondes sei bei euch,
   heute und an jedem Tag eures Lebens.
   Euch zu schützen vor denen, die hassen,

Euch zu schützen vor denen, die verletzen,
Euch zu schützen vor Unterdrückern.

Die Gnade Gottes sei mit euch,
die Gnade des Christus sei mit euch,
die Gnade des Heiligen Geistes sei mit euch
und mit allen euren Kindern,
vom Tage der Krönung bis ans Ende euren Lebens,
    heute in dieser Stunde,
    heute in dieser Nacht,
    bis in alle Ewigkeit.
                (Carmina Gadelica, 256)

So begann die milde Herrschaft von König Oran, dem Harfenspieler.
(Original-Erzählung mit Versen aus der „Carmina Gadelica")

Die blaue Insel

Margaret Morley wohnte in einem kleinen Haus am Ende der Dorfstraße hinter einer dichten Hecke von Haselbüschen, Holunder und Vogelbeerbäumen. Hinter dem Haus begann der Wald. Früher hatte sie mit ihrem Mann im Herrenhaus gelebt, wo ihre beiden Söhne aufgewachsen waren, die jetzt in Amerika arbeiteten. Nur der Nachkömmling Finn war ihr geblieben, ein bildhübscher Junge mit braunem Kraushaar und grünen Augen, ein echter Morley und ihr bester Freund.

Da kam er durch die Tür mit Holzscheiten, zu groß für ihn, was ihn nicht hinderte, sie zum Kamin zu schleppen. Margaret lächelte. Finn wollte der Mann im Hause sein. Nie kam er mit leeren Händen zu ihr: Pilze oder Nüsse, Beeren im Sommer, Schlehen und Holzäpfel im Herbst und Feuerholz das ganze Jahr über. Finn hielt nicht viel von der Schule; wenn die Sonne lockte, zog er es vor, im Wald herumzustreifen oder am Bach zu spielen.

Jeden Abend aber durfte er eine hohe Schule besuchen: Seine Mutter hatte einen unerschöpflichen Schatz an Märchen und Legenden. Bald wußte er die Geschichte Irlands auswendig und die Taten seiner Vorfahren, den Ruhm der Kelten. Alte Bilder der Familie hingen an der Wand; ein Atlas der vier Länder: Ulster, Leinster, Munster und Connaught lag griffbereit. Finn wußte von den ewigen Kämpfen im Norden, wo der Basalt das feurige Temperament der Ulsterkrieger hervorbrachte. Er war stolz auf die besonnenen Landsleute in Leinster, die Gesetze machten und in der Stadt Dublin die feinsten Häuser bauten. Er schätzte die musikbegabten Iren im Süden mit ihrer Dichtkunst, und er hörte mit Ehrfurcht von den Schulen der Weisheit im Westen, dort, wo einst das Sonnenorakel des Reiches Atlantis verborgen war und wo die Barden ausgebildet wurden, die die ganze weite Insel durchwanderten und mit ihren Gesängen das Wissen um die Mysterien wachhielten.

Die Morleys gehörten seit Jahrhunderten nach Leinster und hatten ihr Gut nahe den Wicklow Mountains. Man munkelte von einem großen Schatz, der hier verborgen war; aber Margaret sprach davon nie zu ihrem Sohn. Sie spann die Wolle ihrer wenigen Schafe zu feinem Garn, sie strickte Schals mit uralten Mustern, für die der Händler ihr genug gab, daß sie ohne zu hungern mit Finn leben konnte; aber es reichte noch lange nicht dazu, neue Kleider für den rasch wachsenden Sohn zu kaufen. Sie war froh, aus den Sachen ihres Mannes Hosen für ihn nähen zu können. Manchmal fand sie ein Bündel Kleider von treuen Freunden aus der Vergangenheit vor ihrer Tür. Sie war nicht zu stolz, sie dankbar anzunehmen.

Finn selber hielt sich für glücklich und reich. Wenn er von den Heldentaten der Morleys sprach, von deren Gastfreundschaft und Großzügigkeit, von seinem Vater, an dessen Humor er sich erinnerte, dann strahlten seine Augen. Zu den Kindern im Dorf sprach er nie über die Familie. Er wollte so sein wie alle anderen, und er konnte den Dialekt. Bei der Mutter aber lernte er das klassische Gälisch und gutes Oxford-Englisch. Margaret Morley hatte studiert!

Finn trank die Geschichten in sich hinein. Es gab für ihn keinen Unterschied zwischen Märchen, in denen Drachen von einem Prinzen geschlagen wurden, oder Zwergen, die unter den Wurzeln der Bäume hockten oder Feen, die vom Nektar der Blumen tranken, und den historischen Schilderungen aus der goldenen Zeit Irlands. Er sah innerlich alles vor sich und hoffte, bald selber in die Welt zu wandern, um Abenteuer zu erleben. Jedes Jahr wagte er sich tiefer in den Wald. Er lernte die Arten der Bäume kennen, beobachtete sie in den Jahreszeiten, kletterte in die Kronen, und wenn es ihm gelang, von dem Hochsitz die blaue Insel zu sehen, fühlte er einen Triumph; doch es war ihm streng verboten, zu ihr zu gehen.

Es war eigentlich keine Insel, sondern ein kleiner bewaldeter Hügel inmitten eines Sumpfes, wo Tausende von Vergißmeinnicht, Glockenblumen, blaue Schwertlilien und Wicken blühten und der Insel den Namen gaben. Weit draußen erhoben sich die Wicklow-Berge, und dahinter lag das Meer. Finn liebte den Wald, er liebte die Sterne im Winter; aber am meisten liebte er die herrlichen Regenbogen über den Bergen.

War das wohl der Grund, daß Finn lieber im Freien war? Wer im Klassenzimmer sitzt, kann keine Regenbogen sehen! Es gab soviel im Wald zu tun, die Tage waren nie lang genug. Die Ziege brauchte frisches Laub; denn die Weide war zu klein für sie. Die Kaninchen verlangten Löwenzahn, das Schwein Eicheln und die Mutter Champignons oder Birkenpilze.

Morgens holte er zuerst Wasser und genug Feuerholz für den Tag. Er fütterte die Tiere, ehe er seine Haferflocken bekam. Dann packte die Mutter Schulbrot ein, und er sprang davon. Kaum war er hinter der Hecke verschwunden, schlich er in den geliebten Wald oder versuchte, am Bach Forellen zu fangen. Groß war die Freude bei der Heimkehr, wenn es gelang! Wurde er gefragt, was er gelernt hatte, sprach er von einem Vogelnest, einer Dachsfamilie, von Eichkätzchen und dem Versteck der Rehe. „Und die Schule?" – „Die kann warten, bis es Winter wird, noch gibt es zuviel im Wald zu lernen!" antwortete Finn. Im Winter aber war er fleißig, um aufzuholen. Es gab viele Buben, die es genauso machten. Der Lehrer ahnte, daß die Arbeit der Kinder oft lebensnotwendig war. Finn glänzte in Geschichte, in den Sprachen und Geographie. Zahlen und Buchstaben schienen ihm unwichtig. Einen Lehrer aber schätzte er über alles. Das war der Förster, ein alter Freund seines Vaters. Er war weise im Umgang mit Bäumen und Tieren.

Ihn durfte er alles fragen: warum die Eibe 2000 Jahre alt werden kann und wie die Eiche Blitze anzieht, während man unter der Buche im Gewitter ganz sicher ist … auf alles hatte er Antworten. Er sprach von der Arbeit der Gnome an den Wurzeln der Bäume, ohne deren Lemniskatentanz der Stamm nicht wachsen kann, oder er schilderte die Kunst der Undinen, die die kleinen Bäche hin und her wandern lassen und das Wasser bis in den Ozean begleiten. Auch das Rätsel der Wandervögel wußte er zu lösen, die mit Hilfe der Sylphen ihre weiten Flüge nach Afrika und zurück nach Irland finden; Wunder über Wunder.

Eines Abends hockte Finn vor dem Kamin und sann darüber nach, wie es gelingen könne, diese Elementarwesen wirklich zu sehen. Seine Mutter war zuversichtlich. „Wer immer dankbar für jeden Tag ist, seine Arbeit fröhlich macht und das Staunen nicht verlernt, eine so fromme Seele vermag die Zwerge zu sehen. Habe nur Geduld."

„Aber Mutter, bin ich fromm und fleißig genug?" zweifelte Finn.

Sie aber begann den alten Vers zu singen:

Die heilende Pflanze lege ich auf,
sie entleert den Zorn,
sie schenkt mir Ruhm,
solange ich auf Erden lebe.

Oh Michael, ergreife meine Hand,
versprich mir die Liebe Gottes;
sind böse Wünsche, böser Wille in meinen Feinden,
so möge Christus sich zwischen uns stellen,
Christus zwischen mir und den Feinden.

(C. G., Seite 147)

Leise wiederholte Finn den Spruch und fühlte sich getröstet.

An einem warmen Frühlingsmorgen hockte Finn unter einem Holunderbeerbaum und begann, eine Flöte zu schnitzen. Es war still um ihn, nur der Bach murmelte, und die Blätter der Espe zitterten im Wind. Er schaute an dem Stamm eines Ahorns hinauf in der Hoffnung, dort die Eichhörnchen spielen zu sehen; aber sie schliefen wohl. Sein Blick wurde von einer Bewegung an den Wurzeln des Baumes angezogen. Es war, als öffne sich ein Türlein. Ein Männlein schlüpfte hervor, streckte sich und begann mit einem rhythmischen Tanz um den Stamm zu kreisen. Kaum war es wieder am Ausgangspunkt angelangt, rief Finn ihm zu: „Hallo, wer bist du? Was machst du?"

Der Zwerg kam lächelnd auf ihn zu: „Ah, endlich hat mein Freund Finn mich erblickt! Wie oft tanzte ich schon vor seinen Augen! Ich bin Rikara und kenne dich, seit du das Laufen gelernt hast." – „Guten Tag, Rikara, was tust du hier für den Ahorn?" Das Männlein lachte laut. „Das weißt du nicht? Wenn ich nicht tanze, kann der Saft nicht aufsteigen und der Baum stirbt." Finn war entzückt. „Hilfst du allen Bäumen?"

„Nur den wichtigsten, denn mir helfen ja viele, viele andere Zwerge und Gnome. Jedes Jahr wird die Arbeit mühsamer, weil die Menschen nicht mehr an uns glauben. Wir sehnen uns danach, daß wir erkannt werden und vielleicht auch geliebt. Weißt du, ob du das willst?"

Da sprang Finn auf und streckte seine Hand aus: „Hier verspreche ich dir alle Hilfe, du mußt mir nur sagen, was ich tun kann. Und hilf mir, die Sprache der Bäume zu lernen!"

„Ja gerne, wenn du mir versprichst, mir eure Buchstaben zu erklären. Es tauchen plötzlich viele Zeichen auf, die wir nicht verstehen."

„Oh, das ist leicht! A für Ahorn, B für Birke, C für Ceder …", rief Finn vergnügt. Rikara sprang in die Luft und klatschte. Da tauchten drei andere Zwerge auf und schüttelten Finn die Hand. „Wir wissen zwar tausendmal mehr als ihr Menschen, aber Buchstaben haben wir früher aus Holz geschnitzt, und jetzt kann das von euch keiner mehr, und wir müssen diese neuen Zeichen lernen."

„Halt, erst mußt du uns versprechen, den Wald zu achten, die Tiere zu schützen und schweigsam zu bleiben. Nur deiner Mutter darfst du alles erzählen, was du von uns hörst, vielleicht auch dem Förster; aber nicht den anderen Kindern in der Schule."

„Das verspreche ich, Hand aufs Herz", sagte Finn ernst. „So lange dein Vater im Gutshaus wohnte, war unser Wald geschützt. Jetzt aber ist ein Fremder eingezogen. Er läßt Fallen stellen, schreckliche Eisen, die wir nicht wegräumen können." Rikara blickte Finn fragend an. „Willst du uns helfen?" – „Aber sofort! Zeigt mir, wo die Fallen sind."

Gemeinsam wanderte Finn mit seinen neuen Freunden einen Pfad entlang, auf dem abends die Tiere zur Tränke liefen. Zweimal kamen sie zu Fallen. Der Junge schlug mit einem Knüppel auf die Eisen, bis sie unschädlich waren. Dann setzten sie sich im Kreis hin, und Finn holte die Flöte heraus, um zu spielen. Rikara freute sich an den Melodien und meinte, man könne mit der Flöte den Notruf der Tiere spielen: zwei kurze hohe Töne, drei lange dunkle Töne. Sowie Finn es spielte, kamen Eichhörnchen angehüpft, ein Bussard flog herab, kleine Hügel frischer Erde wurden aufgeworfen, und der Maulwurf steckte die spitze Nase in die Luft. Sogar ein paar Kaninchen wagten sich zum Treffen mit dem Menschenkind.

„Siehst du, alle Tiere kennen den Ruf, flöte das SOS aber nicht aus Spaß. Wer weiß, wann du unsere Hilfe ernstlich brauchst?" – „Meinen Dank! Und wenn mehr Fallen auftauchen, sagt mir Bescheid. Jetzt muß ich nach Hause."

Früh am folgenden Tag marschierte Finn zur Schule, um alles zu lernen, was Rikara wissen wollte. Er fürchtete den öden Klassenraum und war überrascht, eine neue Schülerin am Pult neben sich zu sehen. Sie sah anders aus als die Dorfkinder, ihre Augen waren dunkel, das braune Haar hing in Ringellocken herab. Ihre Kleider waren fremdartig. Ob es ein Kind dieser Gutsleute war? Sie hieß Madelaine und sprach mit einem seltsamen Akzent. Einige Buben neckten sie, und er sah Tränen an den Wimpern hängen. In der Pause boxte er die Spötter und sorgte dafür, daß niemand dem Mädchen etwas zuleide tun konnte; doch er redete sie nicht an. Erst am Freitag faßte er den Mut, sie in den Wald einzuladen; aber sie fürchtete den Zorn ihres Vaters. „Vielleicht kann ich weg, wenn er auf Reisen geht, meine Mama erlaubt mir alles", flüsterte sie. „Komm Sonntag früh zur Pforte."

Es war ein stiller Morgen. Die Sonne schickte ihre Strahlen durch das Blätterdach und leuchtete im Tau auf dem grünen Moos. Noch nie war der Wald so herrlich. Auf Schritt und Tritt entdeckte Finn etwas Besonderes. Hier lag eine Feder, dort ein weißer Quarz, junges Farnkraut entrollte die Blätter, und es war, als leite ihn eine unsichtbare Hand zu einem Vogelnest. Er ahnte die Gegenwart unsichtbarer Wesen und dankte ihnen still im Herzen.

Madelaine war entzückt, nirgends hatte sie so etwas erlebt. Finn sprach zum erstenmal ihren Namen: „Madelaine, kennst du die Bäume?" – „Nicht auf englisch; aber lehre mich", antwortete sie. So begann eine köstliche Stunde. Schließlich meinte sie, Finn solle sich die Augen verbinden lassen. Sie würde ihn prüfen, ob er wohl blind die Bäume erkenne. Das machte Spaß! Er verstand es, die Baumrinde zu fühlen, er lehnte die Wange gegen den Stamm und erriet die Namen.

Endlich liefen sie zurück. Madame Retardé war entzückt, ihr Kind glücklich zu sehen. Die Augen Madelaines glänzten, ihr Mund stand nicht still. Die Französin war nur ungern in dieses Dorf gezogen. Ihr Mann kaufte immer größere Stücke Land; aber er hatte keine Ahnung von Irland und von der harten

Arbeit, die ein Bauer einsetzen muß, wenn er etwas ernten wollte. Warum mußten sie Paris verlassen? Monsieur Retardé war ein besitzgieriger, eifersüchtiger Mann, ein schlechter Reiter, ein schlechter Spieler. Bald haßten ihn die Diener. Wie anders waren Madame und ihre reizende Tochter! Und nun hatte Madelaine einen Freund gefunden!

Rikara war ein guter Schüler. Er verstand es, ein E in die Erle und ein F in die Rinde der Fichte zu schnitzen, H in den weichen Holunderbeerbaum und K in die Kastanie. Gleichzeitig lernte Finn uralte Geheimnisse von ihm. An einem Junitag sagte Rikara plötzlich: „Schau nach Osten! Siehst du die tiefen Wolken am Horizont, und fühlst du den Wind? Bald gibt es Regen und Sonnenschein zugleich. Willst du den Regenbogen sehen?" – „Es ist zu weit für dich, komm und reite auf meinem Rücken!" rief Finn eifrig. Es ging bergauf. Der Junge keuchte nach Luft, bis er auf einer Höhe ankam. Weit unter ihm lag die Ebene, Leinster in all seiner Schönheit satten Grüns. „Irland kennt 44 verschiedene Arten von Grün. Zu jedem Grün gehören Pflanzen mit ihren Elfen. Das gibt es sonst nirgends auf der Welt." Rikara strahlte vor Stolz. Schweigend sahen sie den dunklen Wolken zu, wie sie zu einer grauen Masse wurden und plötzlich ihre Regenschauer entluden, während die schrägen Sonnenstrahlen glitzerten und einen doppelten Regenbogen schufen. „Dies ist der Kessel der Fülle!" rief der Zwerg. „So haben die Götter es uns geschenkt. Früher fand jeder Ire darin sein Lieblingsgericht."

Ja, oft hatte Finn vom Kessel der Fülle gehört, den die bösen Fomors gestohlen hatten. Er verstand zum erstenmal, daß vom Himmel aus ein Regenbogen wie eine riesige Schale aussehen muß, genau umgekehrt. Er stellte sich vor, wie die alten Götter ihrem Lieblingsvolk die vier Schätze brachten: den feurigen Speer, das Lichtschwert, den Kessel der Fülle und den Stein der Wahrheit.

Der sanfte Sommerregen näßte die beiden Freunde bis auf die Haut; aber der Anblick verzauberte sie, und Finn trank das Bild der Farbensymphonie in sich hinein. Das Licht schien zu pulsieren, fast sah es so aus, als ob unsichtbare Wesen die sieben Farben spielen ließen. „Oh, Rikara, können wir nicht zum Fuß des Regenbogens laufen und dort das Gold finden?" – „Das kann nur der Leprachaun", lachte der Zwerg. „Aber wer weiß, vielleicht findest du eines Tages echtes Gold in der Erde Irlands."

Inzwischen ritt Monsieur Retardé mißmutig nach Hause. Das Geschäft ging schlecht. Niemand wollte ihm mehr Land verkaufen. Die Leute trauten ihm nicht. Wenn er den berühmten Morley-Schatz finden wollte, mußte er vorsichtig sein. Für ihn war es nicht genug, in dem feinen Herrenhaus zu wohnen! Seit ein betrunkener Engländer ihm die Geschichte vom Morley-Gold verraten hatte, kannte er keine Ruhe.

Das plumpe Pferd schritt gemächlich dahin. Kurz vor der Pforte trat es in eine Falle, die lose mit Stroh bedeckt war. Es warf seinen Herrn auf das Pflaster. Fluchend schrie er nach dem Stallknecht. Dieser löste das Eisen. Es war eine Falle, die Retardé selber gekauft hatte! Wie kam sie hierher, wo er doch befohlen hatte, sie im Wald zu verbergen? Wer war der Schuldige? Alle Diener beteuerten ihre Unschuld.

Kaum hatte Monsieur sich mit einem Glas Kognak zurückgezogen, da meldete sich der Förster. Er habe mehrere Fallen im Wald entdeckt und wolle wissen, wer verantwortlich sei. Das Gesetz verbiete jede Art von Schlingen oder Eisen. Es würde Anzeige erstattet werden, und die Geldstrafe sei hoch! Herr Retardé war wütend ... es war kein guter Tag für den Franzosen.

An diesem Abend erzählte Finn seiner Mutter von dem doppelten Regenbogen. Sie freute sich mit ihm. „Es gibt ein Märchen von der Erschaffung der Farben im Himmel", sagte sie.

„Jeder unserer Planeten opferte eine Kraft, die im Licht verborgen wohnt, und Gott versprach Noah, ihm daraus einen Regenbogen als Zeichen der Treue zu bilden." „Bitte, laß mich raten! Der alte Saturn hat bestimmt das Blau geschenkt. Auf seiner Insel wohnen lauter blaue Blumen." – „Ja so ist es, und Saturn ist der Stern der Erinnerung und des Alters. Blau erscheint in der Ferne und ist eine Farbe der Sehnsucht."

Finn dachte nach. „Du hast vom Mars gesagt, er gibt uns Eisen, rotes Eisen ..." Seine Mutter erklärte, wie der rote Mohn, die Rosen und Vogelbeeren ihre Farbe dem Mars verdanken. Jupiter aber schenkte uns Butterblumen, Osterglocken und Sumpfdottern. „Dann gehört dem Jupiter das Gelb! Ja, das verstehe ich gut. Welche Farbe aber hat Venus?"

Finn wurde still. „Jedes Kind weiß, Irland ist die Grüne Insel, wo es 44 Schattierungen von Grün gibt." Margaret grübelte; sie dachte an die sieben Worte für Liebe in der gälischen Sprache und meinte, Venus sei der Planet der Liebe und habe ihren Reichtum an Grün besonders den Iren geschenkt.

„Wissen Ausländer nicht, was Liebe ist?" fragte Finn. Sie lächelte: „Grün gibt es überall, und Liebe gibt es unter allen Völkern; aber es ist manchmal eine Liebe nach Geld oder Ruhm oder Macht."

„Und daraus kann man keinen Regenbogen machen!" erwiderte Finn.

„Die Sonne schenkt uns Gold und der Mond Silber, so heißt es im Märchen. Und jetzt kannst du ins Bett gehen und davon träumen! Gute Nacht."

Der Förster traf Finn am nächsten Tag und berichtete von den Fallen. „Sei vorsichtig, solche Eisen verletzen nicht nur Tiere. Gestern ist das Pferd von Herrn Retardé in eine Falle getreten, es hätte aber ein Mensch sein können. Ich habe den Franzosen in Verdacht, diese Dinger mitgebracht zu haben, und ein Wilderer hat sie ihm in den Hof gelegt als Warnung oder einer der Dorfleute. Keiner will ihm wohl."

Kaum war der Förster gegangen, tauchte Rikara auf. „Ich fürchte, etwas Böses dringt in den Wald. Wer schreibt diese Bretter: EINTRITT VERBOTEN? Paß gut auf, sonst fängt man dich und straft dich, weil du im Wald bist. Erinnere den SOS-Pfiff, wenn Gefahr ist."

An diesem Abend gab es keine Geschichten. Die Mutter sprach zu ihrem Sohn über das Morley-Gold. „Seit Urzeiten wissen wir von dem Sonnenorakel auf Atlantis. Vorher aber herrschte Saturn. Nach dem Untergang von Atlantis wurde auf Irland eine geheime Stätte bereitet, wo die Überlebenden den Sonnengott verehrten, den sie Lug nannten. Sie wußten, er würde einst auf die Erde kommen. Dann wäre sein Name Hesu oder Jesu. Alle Weisheit diente nur dazu, Ihm auf Erden Raum zu schaffen. Was an alten Saturnkräften in der Erde steckte, mußte überwunden werden. Darum gruben unsere Vorfahren ein Loch, wo sie Gold versteckten; denn Gold überwindet das Blei des Saturns und strahlt Heilung aus. Dann hat man Bäume rundherum um das Versteck gepflanzt. Alle dreißig Jahre kann der Schatz gehoben werden. Ein Engländer hat es diesem Franzosen verraten. Ich erzähle dir davon, weil wir in Gefahr sind und du dich hüten mußt, in seine Hände zu geraten. Aber sei dir gewiß, der Schatz ist durch Jahrhunderte beschützt worden. Kein Fremder kann ihn selbstsüchtig verwenden. Er kann immer nur dem Guten dienen.

Überall auf der Welt ist die Botschaft von Jesus hingedrungen, aber nur in Irland gibt es das wahre Sonnenkreuz des Auferstandenen, des Christus, dem wir dienen wollen. Deshalb wollen wir zusammen das Schutzgebet sprechen:

Oh Heiliger Gott der Wahrheit,
Oh liebender Gott der Gnade,

Schütze uns vor Zauber,
Schütze mich vor dem Bann.

Ich lege ein Schloß auf mein Herz,
Ich lege ein Schloß auf meine Gedanken,
Ich lege ein Schloß auf meine Lippen
Und schließe sie doppelt fest zu.

Mögest Du, oh Gott des Lebens
Vor meiner Brust, an meinem Rücken sein,
Du bist für mich ein Stern, Du bist mein Führer,
Vom Anfang des Lebens bis zum Ende meines Lebens.

Im Namen des Königs des Lebens,
Im Namen des Christus der Liebe,
Im Namen des Heiligen Geistes,
In der Dreifaltigkeit meiner Kraft."

(C. G., S. 209–212)

Margaret schaute ihren Sohn an, wie er mit gefalteten Händen in den geflickten Kleidern vor ihr saß, voller Vertrauen, ohne eine Spur vom Goldfieber. Vor dreißig Jahren hatten die Morleys ihr eigenes Vermögen auf der Insel des Saturn vergraben, damit die Engländer es nicht nehmen konnten. Es war ihr seither gelungen, still im Verborgenen zu leben. Sie hoffte ihres Kindes wegen, die Zeit der Armut sei bald vorbei. Ein Gefühl von Hoffnung quoll in ihrem Herzen auf.

Früh am nächsten Tag fütterte Finn die Tiere in Eile. Er wollte vor der Schule Madelaine sehen, kehrte aber noch einmal um, küßte seine Mutter mit ungewohnter Herzlichkeit und murmelte seinen Dank für den gestrigen Abend. Sein Ranzen war schwer, es waren Äpfel und Butterbrote für den Tag darin, denn Margaret ahnte, es würde ein langer Tag werden.

In der Nähe des Gutshauses hörte Finn die Stimme von Madelaine, die ihr Kätzchen rief. So lief er um die Ecke, wo Monsieur

Retardé ihn auffing. „Du Dieb! Was fällt dir ein, auf den Hof zu kommen!" Madelaine flehte ihn an, Finn freizulassen. Das erzürnte ihn noch mehr. Er steckte Finn in eine Hütte, verschloß die Tür und drohte seiner Tochter, er würde sie auch einsperren.

Es war dunkel in dem kleinen Schuppen, das Dach war niedrig, der Boden aus Lehm. Ein paar Säcke und Werkzeuge lagen herum. Er würde sich einen Weg in die Freiheit graben! In der hintersten Ecke begann Finn die Arbeit mit einer viel zu großen Schaufel. Die Erde war hart, es ging mühsam, und er begann zu schwitzen. Da nahten Fußtritte. Er warf schnell einen Sack über die lose Erde. Der Schlüssel drehte sich, Licht fiel herein, und eine sanfte Stimme sprach: „Oh mon petit garçon, mon Dieu!" Madame Retardé schob ihm ein langes Brot und eine Flasche zu und verschwand, nachdem sie die Tür verschlossen hatte.

Sein Mut stieg. Er nahm einen Schluck. Brr, es war Wein! Nein, er würde das kostbare Geschenk der Mutter bringen. Da erinnerte er sich an seine Flöte und das SOS. Kurz, kurz, lang, lang, lang ... erst hoch, dann tief. Dann grub er weiter. Bald spürte er unter seinen Händen ein weiches Fell und hörte das Scharren von Pfoten: Die Freunde waren am Werk! Maulwürfe, Mäuse und sogar Eichhörnchen waren bei der Arbeit. Schon drang Licht in die Hütte. Er hörte Rikaras Stimme: „Gleich sind wir durch, keine Angst." Wirklich gelang es Finn, den Ranzen unter den Brettern durchzuschieben, dann kroch er nach. Er war frei! „Füllt das Loch!" rief Rikara, und viele Pfoten gehorchten. Finn sah Tauben und Krähen auf dem Dach, denen der Zwerg befahl, mit viel Lärm auf den Hof zu fliegen, um die Aufmerksamkeit von Finn abzulenken. Die Vögel vollführten ein Scheingefecht, während die Flucht gelang.

Nur Madelaine sah ihren Freund; denn sie war auf den Dachboden verbannt und konnte den Weg zum Wald überblicken.

Den Zwerg aber sah sie nicht. Sie blies Finn einen Kuß nach und freute sich, ihn in Freiheit zu wissen. Ihre Mutter sorgte dafür, daß sie selber zu essen hatte und Bücher. Die geliebte Mutter! Warum konnte sie den Vater so gar nicht lieben? Wenn er das Haus verließ, atmete sie auf, und so ging es auch allen Dienern.

Madame Retardé faßte einen Entschluß. Bisher hatte sie das Gut kaum verlassen. Heute wollte sie es wagen, die Mutter von Finn aufzusuchen! Der Weg führte aus dem Dorf hinaus zu einer hohen Hecke, hinter der das Haus versteckt war. Sie bewunderte feine Brüsseler Spitzen an den blitzblanken Fenstern, eine Ziege war angebunden, Kaninchen hockten in kleinen Ställen, ein Haufen Feuerholz stand sauber aufgestapelt da. Aus dem Schornstein kam Rauch. Margaret Morley öffnete die Tür, und die beiden Frauen blickten einander wortlos an. Schließlich stellte Madame Retardé sich vor. „Ich bin gekommen, um uns zu entschuldigen. Madelaine und ich wissen, das es Ihr Haus ist, in dem wir wohnen. Ihnen gehörte das Gut. Wir haben kein Recht darauf. Jetzt hat mein Mann Ihren Sohn eingesperrt. Aber ich habe ihm Brot und Wein zugesteckt …"

Margarete lächelte und erwiderte sanft: „Er ist schon frei! Die Tauben brachten mir die Nachricht; doch danke ich für die Hilfe. Wir spüren Ihre Sympathie, und ich heiße Sie willkommen."

Ein Feuer brannte hell, kostbare Bilder hingen an den Wänden, feines Porzellan stand auf einer Truhe. Die Möbel waren handgeschnitzt und glänzten im Schein des Feuers.

Bald saßen die Frauen beim Tee. Madame blickte zu dem Porträt über dem Kamin. „Das war mein geliebter Großvater", erklärte Margaret. „Finn wird ihm ähnlich."

„Ihr Sohn ist der einzige Freund, den Madelaine hat. Das ärgert meinen Mann. Er selber besitzt keine Freunde. Ich wurde zur Heirat mit ihm gezwungen." Tränen traten in ihre Augen, und

sie fügte hinzu: „Wie ist es nur möglich, daß Sie mir diese
Freundlichkeit zeigen? Ich habe das Gefühl, als ob wir uns aus
alter Zeit kennen."

„Und ich bin überzeugt, das es die Wahrheit ist. Unser Schick-
sal floß zusammen, ehe wir uns auf Erden gesehen haben."
Margaret nahm die Hand der Französin in ihre eigenen warmen
Hände. Da schluchzte diese auf.

„Frau Morley, jetzt will ich verraten, was niemand ahnen kann.
Sie dürfen es wissen: Madelaine ist nicht die Tochter meines
Mannes. Bevor ich zum Altar gehen mußte, sorgte ich dafür,
daß mein Kind aus Liebe geboren würde. Noch hoffe ich, mei-
nen wahren Gefährten wiederzusehen. Vertrauen Sie meiner
Madelaine!"

Margaret versprach es und erklärte, das Geheimnis sei bei ihr
sicher. Madame fuhr fort: „Es geht einer Krise zu, die Diener
hassen meinen Mann. Er hat Schulden, und er ist wie besessen
nach Gold. Warnen Sie Finn vor seinem Zorn!" – „Finn ist
behütet, und wir wollen auch einen Segen für Madelaine sprechen, denn wir gehören zusammen. Die echten Franzosen sind
auch Kelten." Die Worte, die Margaret Morley sprach, fanden
ein Echo in der Seele der Hörenden:

„Die Macht des Raben sei dein,
Die Macht des Adlers sei dein,
Die Macht der Fiann.

Die Macht des Sturmes sei dein,
Die Macht des Mondes sei dein,
Die Macht der Sonne.

Jeder Tag sei freudevoll für dich,
Kein Tag sei schmerzlich für dich,
Ehre und Mitleid sei dein,
Weisheit und Liebe sei dein,

Und jedes Antlitz zeige Zuneigung dir,
Aus einem vollen Herzen."

(S. 18, „Power of Raven" von Noragh Jones)

Seltsam getröstet ging Madame Retardé heim, sie wußte von dem Glauben der Kelten an die Macht des Raben, zur rechten Zeit am rechten Ort zu sein und Hilfe zu bringen. Auf dem Weg schnitt sie je einen Zweig von einer Eiche, einer Stechpalme und vom Vogelbeerbaum ab, um sie zusammenzuflechten, denn damit bindet man die irdische Kraft des Druidenbaumes mit dem weiblich-schmückenden Element des Holly und der himmlischen Inspiration des Rowan zusammen. Nein, sie brauchte keine Angst um Madelaine und sich selber zu haben, die Morleys waren auf ihrer Seite.

Monsieur Retardé kehrte spät heim, eine Wolke schwarzer Krähen empfing ihn mit heiseren Schreien. Plötzlich erinnerte er sich an den gefangenen Jungen. Im Schuppen war es leer. Der Lehmboden zeigte viele kleine Spuren, die Erde war locker. Fast mußte er das Kind bewundern. Unter den drohenden Flügelschlägen der Krähen eilte er ins Haus, wo Madame ihn empfing. „Ist Madelaine noch im Turm?" fragte er. „Sie ist da, wo du sie eingesperrt hast, die Unschuldige!" Er eilte die Treppen hinauf und fand das schlafende Mädchen, wirklich ein rührendes Bild der Unschuld. Schnell trug er sein Kind hinunter. Sie wachte vor dem Feuer auf. „Was habe ich getan, Papa?" – „Gar nichts, ich will dich nur behüten, mir liegt deine Zukunft am Herzen, glaube mir", sagte der Franzose. Mutter und Tochter beteuerten, sie wollten lieber mit allen Iren hier in Frieden leben, als Vorteile gewinnen.

Rikara hatte für Finn ein Versteck bauen lassen, wohlgeschützt unter einem alten Weißdorn, wo ein trockenes Lager aus duftendem Farnkraut wartete. Dornenzweige verbargen den Eingang. Ein freundlicher Fuchs hatte einen unsichtbaren Wall rundherum mit seinem Schweif gelegt: starke Witterung, die von dem Versteck eine Fährte in den Wald hinaus führte, um die Hunde abzulenken.

Der Zwerg sah Kämpfe voraus, er erinnerte sich an einen jungen Mann mit braunem Kraushaar, dem Finn wie aus dem Gesicht geschnitten war. Vor dreißig Jahren war er mit wenigen Getreuen zur Insel des Saturn geritten, eine Kiste auf dem Pferd, einen Spaten an der Seite. Es war Samhain gewesen, die Zeit, in der die unsichtbaren Wesen erscheinen können, wenn überirdische Macht auf Erden eingreifen kann und die Toten nahe sind. Es galt, bereit zu sein!

Der Zwerg rief das Eichhörnchen und gab ihm eine Botschaft: „Finde alle Wichtel, Gnome und Zwerge im Wald und in ganz Irland. Ein großes Treffen findet in unserem Wurzelsaal am Tage des Michael statt. Bitte deine Brüder, dir zu helfen." Mit klugen Augen schaute das Tier ihn an, nickte, lief am nächsten Baumstamm hoch und verschwand im Laubwerk. Jetzt konnte er sich seinem Freund Finn widmen.

Der Junge war mit seinen vierfüßigen Befreiern zur Lichtung geführt worden, dorthin, wo er das Versteck ausprobieren mußte. Ah, dort war es gemütlich warm und regensicher. Er kroch wieder hervor und öffnete den Ranzen: „Hier ist eure Belohnung", rief er. Alle Tiere drängten sich an ihn. Er verteilte Brot- und Apfelstückchen.

Dann wusch er Hände und Gesicht im nahen Bach, streckte sich ins Gras und fiel in tiefen Schlaf, umgeben von treuen Wächtern. Plötzlich rief eine Eule: kurz, kurz, lang, lang, lang. Wie elektrisiert sprangen die Tiere auf und weckten Finn, der sich unter dem Weißdorn versteckte. Zwei Männer mit Hunden kamen aus dem Dickicht und fanden die Lichtung leer. Der starke Geruch des Fuchses zog die Hunde sofort in die gewünschte Richtung ab. Die Mäuse tauchten wieder auf, die Eule flog den Männern geräuschlos nach und sah, wie diese nach Fallen suchten. Alle waren zugeschnappt, ohne ein Tier gefangen zu haben. Die Wilderer fluchten. Von ihrem hohen Sitz aus beobachtete die kluge Eule, wie die Eisen neu gespannt wurden und merkte sich die Orte. Da gab es Arbeit für Finn! Erst aber mußte Rikara gerufen werden.

Mit einem Knüppel machte Finn die Fallen unschädlich, bevor die Rehe wie jeden Abend zum Äsen auftauchten. „Folgt den Männern!" befahl der Zwerg den Wieseln, die am Bach spielten. Für Finn war es Zeit, heimzugehen. Er hockte sich nieder und streichelte die kleinen pelzigen Helfer, um ihnen noch einmal zu danken. Ausführlich berichtete er der Mutter, was geschehen war, und dankte ihr für den Proviant. „Jetzt habe ich viele neue Freunde und ein sicheres Versteck. Nicht einmal die scharfen Hunde konnten mich aufspüren. Du brauchst um mich keine Angst zu haben."

Die Schule wurde mehr und mehr zu einem Vergnügen, weil seine Freundschaft mit Madelaine respektiert wurde und der neue Lehrer großartigen Geschichtsunterricht gab. Er sprach von den Goldschätzen und der Kunst der Kelten, die runde Sonnenscheiben schmiedeten, goldene Boote für die Verstorbenen und Schmuck für Männer und Frauen, Halsreifen, Ringe und Ketten, aber nicht aus Goldgier, sondern als Göttergabe oder zum Schutz vor Krankheit, vor Unholden und Geistern der Unterwelt. In Dublin sei manches zu sehen, heidnische Schätze, die später den Kirchen geweiht wurden. „Das Gold gehört heute Christus, dem Gottessohn", sagte er. Da glühten die Wangen der Schüler. Madelaine kam aus dem Staunen nicht heraus. Tief im Herzen wußte Finn, daß auch seine Vorfahren das edle Sonnenmetall geehrt hatten, und er schwor heimlich, die Tradition aufrechtzuhalten.

Aber schöner noch als die Schule waren die Tage, an denen er mit Madelaine spielen konnte, weil ihr Vater fort war. Die Beeren reiften, und sie pflückten Eimer voll für seine Mutter, naschten dabei tüchtig, und bald war das Mädchen so braun wie Finn. Er zeigte ihr Himbeeren in Fülle, wilde Erdbeeren und später im Jahr Brombeeren. Doch der Monsieur kam eines Tages früher als erwartet nach Hause und vermißte sein Kind. Er lief in den Wald, rief laut nach Madelaine, die auf Umwegen rasch ihren Heimweg fand. Der Franzose aber rannte weiter, stolperte und fiel in einen Ameisenhaufen, wo er tausend kleine Bisse erhielt und fluchend um sich schlug. Der Förster fand ihn in einem jämmerlichen Zustand, denn die Ameisen hatten sich in den Kleidern festgesetzt, krabbelten im Haar, in seinen Ohren und machten ihn beinahe wahnsinnig.

Schließlich fragte er nach seiner Tochter. „Ja, ich habe sie gesehen, als sie eine Taube aus einer Schlinge befreite, sie ist ein braves Kind." – „War der Bengel bei ihr?" – „Finn Morley? Der arbeitet doch für seine Mutter! Er pflückt Laub für die Ziege, sammelt Eicheln für das Schwein und bringt Feuerholz nach Hause. Der Junge verdient Bewunderung und Anerkennung. Aber die Wilderer, die hier Fallen und Schlingen stellen, die sollen ins Gefängnis, und als Gutsherr seid Ihr verantwortlich."

Herr Retardé knurrte und machte sich wütend auf den Rückweg. Er fand seine Frau mit Madelaine beim Handarbeiten, alle Beerenspuren waren weggewaschen.

Ein glänzender Herbsttag lockte die Kinder zu den Bergen. Goldenes Sonnenlicht strömte über das Land und färbte die Blätter rot. Reife Äpfel lagen auf dem Weg. Weil in der Nachbarstadt Markt war, wo ihr Vater handelte, wußte Madelaine sich ungestört. Finn hatte seine Flöte eingesteckt. Er freute sich darauf, vom Abhang ins Tal hinein zu spielen. Die Schwalben übten für die Winterreise, und wilde Tauben fraßen sich an den Ähren satt. Spinnweben hingen im taufrischen Gras und glitzerten wie mit Diamanten bestickt. Vor Staunen wagte das Stadtmädchen kaum zu sprechen. Sie fanden einen warmen Platz zum Sitzen, und Finn flötete. Rundherum summten Bienen, Grashüpfer sprangen heran, dicke Käfer krochen zwischen den Halmen umher, eine Blindschleiche wagte sich unter dem Stein hervor. Madelaine hatte ein Gefühl, als würde sie beobachtet. Rikara aber ließ sich heute nicht blicken. Mit beiden Händen wehte er Träume in die Luft, und sie schlief ein.

Finn ließ die Flöte sinken. Eine feine Stimme erreichte sein Ohr. „Am Michaelstag treffen wir Zwerge uns. Sage deiner Mutter, sie solle uns ihre Wünsche offenbaren, damit wir ihr helfen können. Unsere Kräfte übersteigen alles, was Menschen vermögen, habt nur Mut zu bitten, Mut und Demut." Dann wurde es still, und auch Finn schlummerte ein. Ein frischer Wind sprang auf und trieb Nebelwolken vom Meer über die Wicklow-Berge. Die Kinder wachten auf. „Komm mit mir zum Gipfel! Das Klettern macht die Glieder warm!" rief Finn und ging voran. Es wurde steinig, nur noch verkümmerte Birken wuchsen am Hang, ein Rinnsal floß zu Tal. Endlich standen sie oben, aber sie waren zu spät. Der Nebel hatte das Tal verhüllt, und eine Bö blies kalt von Westen. Da nahm Finn die Flöte und blies eine Melodie voller Sehnsucht nach Sonne und Licht. Gebannt schaute Madelaine auf die Nebelwolken. Während ein Triller ertönte, hob sich der dichte Schleier, wie von unsichtbaren Händen zur Seite gezogen, und das Tal lag im Panorama vor ihnen. Der Wald, die ferne blaue Insel, das Dorf und das Gutshaus, Kirche und Schule, alles war wie in den Äther geätzt. Staunend blickten ihre Augen hinab, ganz sanft schloß sich der Vorhang wieder. Sie faßten sich an den Händen und liefen den Berg hinab, oft stolpernd und sich gegenseitig helfend. „Das war der schönste Tag, Finn, hab Dank. Jetzt habe ich die Welt von oben gesehen", rief Madelaine. Sie trennten sich am Waldrand.

Das Feuer brannte im Kamin, Margaret saß am Spinnrad, und Finn berichtete von dem Treffen der Zwerge. „Wünsche habe ich wohl, viele Wünsche, aber wer kann sie erfüllen? Deine

Brüder will ich wiedersehn, doch liegt der Atlantische Ozean zwischen uns. Ein Pferd brauchen wir für Samhain und drittens einen verschwiegenen Freund, der uns auf der blauen Insel hilft."

Finn dachte nach. „Der Förster ist unser Freund, vielleicht kann er ein Pferd besorgen? Ich weiß, daß er das Bein des Pferdes geheilt hat, das in das Eisen geraten ist. Ich werde ihn danach fragen."

Das Spinnrad drehte sich, Margaret sann über die Worte des Zwerges nach: Mut und Demut. Längst hatte sie allen Stolz abgelegt. Gab es etwas, was sie noch opfern konnte? Auf der Insel des Saturn würde sie viel Hilfe brauchen. Der Zugang war gefährlich für Sterbliche ... Zwischen Samhain und dem Winteranfang lag eine Nacht, in der die Unsichtbaren große Macht hatten, gute und böse Geister, und die Schatten der Toten trieben ihr Wesen. Wer würde sie schützen? Sie war eine Witwe. Und sie war bitterarm.

Dann fiel ihr Blick auf den geliebten Sohn. Er mühte sich damit, die Wolle zu karden. Sein Gesicht war vom Feuer erhellt. War sie nicht reich gesegnet? Lohnte es, den Frieden der Armut aufs Spiel zu setzen, um den Schatz wiederzugewinnen? Sie seufzte.

Da hörten sie ein leises Klopfen, kurz, kurz, lang, lang, lang. Finn sprang auf und öffnete die Tür; Rikara stand vor ihm, die Mütze in der Hand. „Komm herein, komm, Rikara, ich habe dich so herbeigewünscht", rief Finn. Margaret ließ das Spinnrad fahren und streckte dem Besucher beide Hände entgegen. „Freund meines Sohnes, willkommen! Darf ich vom Holunderbeersaft ein Gläschen anbieten?"

Der Zwerg machte es sich bequem, nahm einen Schluck und rieb sich die Hände: „Es ist kühl geworden, da tut ein Feuer gut. Ich habe vernommen, daß eine Botschaft über den Atlantik geschickt werden soll. Das trifft sich gut, wir haben einen Reisezwerg, der bald in See sticht. Gebt ihm einen Brief mit."

Mutter und Sohn blickten sich an. Woher wußte Rikara den Wunsch? Es war offensichtlich, er las ihre Gedanken, denn gleich fuhr er fort: „Und ein Pferd beschaffen wir auch, aber viel wichtiger ist es, den Zugang durch den Sumpf zu sichern. Das sind tausend Arbeitsstunden für meine Freunde, da müssen die Undinen helfen."

„Aber wie kann ich es euch vergüten?" fragte Frau Morley besorgt. „Durch Güte, Dankbarkeit und Gebete. Diese Qualitäten werden immer seltener, und doch braucht die Erde sie. Wir wohnen behaglicher in einer von Güte gesättigten Erde."

Dann wandte er sich Finn zu und zwinkerte mit den Augen: „Und Liebe gehört auch dazu und viel Mut. Du hast doch keine Angst vor Samhain?" – „Ich war noch nie zu Samhain auf der Saturninsel. Immer hat mich meine Mutter davor gewarnt, weil man dort versinkt." Rikara sah ihn ernst an: „Da hat sie recht gehabt. Wer weiß, vielleicht versinkt wirklich jemand dort, aber dich werden wir gut behüten. Denke auch daran, daß nach Samhain die Beeren alle uns gehören, die Feen sammeln sie für den Winter ein. Nur Schlehen darfst du weiter naschen, die ziehen den Mund zusammen." Rikara wandte sich der Mutter zu: „Schreibt an Eure zwei Söhne! Und gebt mir ein wenig weiche Wolle mit, auf dem Schiff ist es kalt für den Boten."

Gleich holte Finn eine Handvoll Schafwolle und preßte sie in die Karde. Damit glättete er die Wolle. Liebevoll wickelte der Junge die Strähnen auf. „Das gibt ein feines Bett", freute sich der Zwerg. Dann nahm er den fertigen Brief und verabschiedete sich. „Nach Sankt Michael komme ich wieder. Dann haben wir noch 33 Tage bis Samhain."

Kaum war Rikara auf seiner Lichtung angekommen, da liefen die Wiesel atemlos zu ihm hin. „Trinkt erst vom Bach, ehe ihr berichtet", meinte der Zwerg freundlich. Die Verfolgung der Wilderer war mühsam gewesen, denn sie wohnten entfernt in einer Holzhütte und besuchten verschiedene Wälder. Die Wiesel hatten erfahren, daß die Fallen von dem Franzosen gestohlen waren und daß sie sein Pferd in eine von ihnen gelockt hatten. Sie haßten den Fremden, weil er ihnen ihre Arbeit und ihr Haus genommen hatte und sie zum Wildern gezwungen wären. Aber hier im Morley-Wald waren die Fallen unschädlich gemacht worden, und sie wollten es hier deshalb aufgeben.

Rikara dankte den klugen Tieren und sann über das Gehörte nach. Ob die Männer wirklich böse oder nur hilflos waren? Erst aber galt es, den Brief zu befördern. Er pfiff nach dem Reisezwerg, der aus dem Versteck herauskroch, noch verschlafen gähnend. „Es wird Zeit für dich, zum Hafen zu gehen! Hier ist ein Brief an die Morley-Söhne, die du in New York bei den Iren finden wirst. Es eilt.“

Monsieur Retardé brütete über der Landkarte: Wo war der Schatz vergraben? Wieviel Hilfe würde er brauchen? Ohne den Beistand der Männer im Dorf wäre es schwierig, aber niemand bot an, ihm beizustehen; er war gehaßt. Vielleicht könnte er die beiden Arbeitslosen bestechen, die er ausgewiesen hatte? Es wäre eines Versuches wert. „Sowie ich den Schatz habe, nur raus aus Irland! Zurück nach Paris …“, murmelte er.

Die Wilderer waren beim Frühstück, als sie Huftritte hörten. Blitzschnell verschwanden alle Zeichen ihrer nächtlichen Arbeit unter dem Strohbett. Überrascht begrüßten sie den Gutsbesitzer, der zuvorkommend eine Flasche Kognak hervorzog.

Die Männer mußten Verschwiegenheit schwören. Ihnen wurde guter Lohn versprochen und jedem ein Pferd! Ein eigenes Pferd war ja ein Himmel auf Erden! Sie waren bereit, dafür ihre Seele zu verkaufen, und tief tranken sie den ungewohnten Saft. Das Getränk löste ihre Zunge. Bald verrieten sie alles, was sie an Gerüchten gehört hatten: von der blauen Insel, dem Wunder der Goldschätze, die alle 30 Jahre wie von selber auftauchten, aber auch von dem Sumpf.

„Der Sumpf bildet einen Ring um die Insel. Wir können vorher eine Brücke aus Brettern bauen; uns beobachtet niemand", meinten sie. Der Franzose versprach, ihnen Planken zu besorgen. „Paßt auf, daß der Förster euch nicht sieht, der ist dauernd auf der Lauer", warnte Retardé. Da lachten die beiden und versicherten, sie würden den Wald umgehen und die blaue Insel vom Westen erreichen.

Befriedigt ritt der Meister fort. Ein paar Tage später brachte ein Diener zwei alte Packpferde mit einer Ladung von Brettern. „Die Gäule sind keine fünf Pfund wert!" schimpften die Wilderer. Trotzdem begannen sie die mühsame Arbeit, eine Brücke über den Morast zu bauen, ohne zu ahnen, wie viele Augen sie dabei beobachteten!

Michaeli kam. Aus allen Himmelsrichtungen wanderten die Gnomen zur großen Halle unter den Wurzeln der Eichen. Da waren die weisen Brownies aus Donegal, Sligo, Galway, Clare und Kerry mit ihren Kristallen; aus Cork, Wexford, Kilkenny und dem Munsterland die lustigen Wichtel mit ihren Liedern und Flöten; aus dem fernen Norden kamen rothaarige Ulsterleute von Omagh, Londonderry, Antrim und Armagh. Am zahlreichsten aber waren die Zwerge der Nachbarschaft Meath, Kildare und Wicklow, alte Freunde von Rikara. „Es geht in diesem Saturnjahr um das Morley-Gold. Zum erstenmal ist uns ein Feind auf der Spur. Es wird eine Brücke über den Sumpf gebaut, aber vom Westen. Ich habe das Versprechen der Undinen, allen Brettern die Stützen zu nehmen, wenn Samhain kommt. Wir wollen vom Süden kommen. Wenn jeder von uns einen Stein mitbringt, sollte es gelingen."

Die Gnome nickten bedächtig. „Wir im Süden kennen wasserdurchtränkte Erde gut. Das Wasser fließt immer so, wie unsere Musik es will. Verlaßt euch darauf, wir überschwemmen die Bretter und ziehen es von eurer Steinbrücke fort." Die weisen Brownies aus dem Westen versprachen, eine unsichtbare Wand zu errichten, gegen die kein Pferd und kein böser Mensch ankommen kann. „Dreimal kreisen wir um die Insel. Der Bann wird so hoch sein, wie eine Birke in dreißig Jahren wächst." Alle Augen wendeten sich den Ulstermännern zu, die größer und stärker als alle anderen Gnomen sind. Der Anführer stand auf und sprach: „Hier ist eine doppelte Mannschaft, die eine wird unsere Freunde beschützen, die andere die Feinde angreifen. Uralte Kraft des Basalts steckt in unseren Gliedern!"

Rikara dankte dem guten Volk und beschrieb die Aufgabe seiner Brüder vom Osten: „Wir begeben uns alle auf die Saturninsel, um den Boden zu lockern, den Zauberspruch zu sprechen und zur richtigen Stunde den Schatz zu heben. Es sind dort seit Jahrhunderten uralte Schmuckstücke aus Gold vergraben. Dieses Gold hat das Blei des Saturn überwunden und hat Irland zu einer Sonneninsel gemacht.

Es liegt aber auch menschliches Gold dort, Münzen der Morleys. Jetzt ist es an der Zeit, sie den Menschen zurückzugeben, die ein Recht darauf haben. Wir brauchen drei Erben dazu. Wir bitten den Westwind, das Schiff über den Atlantik zu blasen, in dem zwei der Erben segeln. Wir haben von Michaeli bis Samhain 33 Tage, um alles vorzubereiten."

Tiefes Schweigen herrschte im Saal. Dann stand ein Knirps aus den Wicklow-Bergen auf und bat: „Erlaubt mir, mit den Pferden zu arbeiten. Ich bin so klein, daß ich in ihr Ohr schlüpfen kann, um ihnen den Weg zu weisen. Wir wollen nur den Dieb vernichten, die Pferde sollen gerettet werden." Ein Nicken bestätigte dem Kleinen seine Idee.

Madelaine war im Turm eingesperrt. Ihr Vater sagte, es sei zu ihrem eigenen Vorteil, alles, was er täte, wäre ja nur für sie, und sie bekäme Kuchen und Äpfel mit auf den Dachboden. Es gab einen weiten Blick von dort oben. Madelaine lehnte sich weit aus dem Fenster, von wo sie den Weg nach Dublin überschauen konnte. Zwei junge Männer mit Seemannsmützen tauchten auf. Wie gebannt blickte sie auf die Gestalten mit braunem Kraushaar. Sie kamen ihr bekannt vor, und doch waren es Fremde. Erinnerten sie nicht an Finn?

Rasch nahm sie ihren Spiegel zur Hand, den sie hier versteckt hielt, und schickte Blinkzeichen zu Finn hinüber, der beim Holzhacken war. Wie gut, daß sie über die Hecke schauen konnte! Sie sah, wie er sich aufrichtete, und wiederholte ihr Zeichen. Komm, komm. Er legte die Axt nieder und lief auf die Straße. Das Dorf lag still in der Mittagsruhe. Nur die Fremden gingen am Gut entlang zum letzten Haus und Finn in die Arme. Weit beugte sie sich vor und war Zeuge der Begegnung. Ach, wie gerne hätte sie gewußt, wer die beiden waren! Frau Morley hatte doch kaum je Besuch. Zu dritt gingen sie lebhaft gestikulierend hinter der Hecke und verschwanden im Haus.

Margaret öffnete die Tür weit und umarmte ihre lang vermißten Söhne. Wie ähnlich waren sie ihrem Mann in seiner Jugend, als ihre Ehe begonnen hatte! Finn kam aus dem Staunen nicht heraus. Hier gab es keinen Zweifel, die gleichen grünen Augen, das lockige Haar, die schlanken Glieder. Sie saßen beim Tee und tauschten alte Erinnerungen aus: an den Überfall der Engländer, der Tod des Vaters, die Flucht auf ein Schiff und die harte Arbeit als Matrosen, um die Überfahrt zu verdienen, die Aufnahme in New York in die irische Kolonie und das Heimweh … Padraic war der Älteste, ruhig und besonnen, Conor der lustige Lebenskünstler. Finn, ihr Herzensschatz, war ganz Ohr, unersättlich mit seinen Fragen. Schließlich trat Stille ein. Margaret faltete ihre Hände und sprach den alten Spruch:

„Segne uns, o Gott,
Die Erde unter unseren Füßen,
Segne uns, o Gott,
den Pfad der uns geboten,
Segne uns, o Gott,
Die Wesen, denen wir begegnen."

„Wohin müssen wir gehen, Mutter?" fragte Padraic. „Zur blauen Insel, der Insel des Saturn, um unser Morley-Gold zu gewinnen. Zwischen dem letzten Oktobertag, sechs Uhr abends, und dem ersten November hängt die Zeit in der Luft, wie man sagt. Und alle dreißig Jahre, wenn Saturn zum gleichen Ort am Himmelszelt zurückgekehrt ist, als der Schatz versenkt wurde, hebt er sich aus der Tiefe. Ich habe euch rufen lassen, um dabei zu helfen, unseren eigenen rechtmäßigen Anteil zu holen. Ihr müßt versprechen, das alte Sonnengold unangetastet zu lassen. Möge es in der Erde ruhen, bis Irland frei ist. Wir hatten eine Zeit der Ruhe, Finn und ich durften ungestört hier wohnen, denn es gibt hier nichts zu stehlen; aber auf unserem Gut wohnt jetzt ein Franzose, der von dem Schatz gehört hat. Was er vorhat, wissen wir nicht; aber er führt Böses im Schilde. Seine Frau und Tochter sind uns gewogen, sie werden uns helfen, wo sie können, zeigt euch aber nicht."

„Mutter, das Dorf lag wie ausgestorben, niemand hat uns gesehen, als wir kamen", meinte Conor. „Seid ohne Angst, wir haben unsichtbare Freunde im Wald und viele Helfer auf der Insel. Finn hat mit dem Kleinen Volk Freundschaft geschlossen. Der alte Förster ist auch auf unserer Seite. Ich bin voller Zuversicht."

Draußen war es dunkel geworden, ein Schatten glitt am Fenster vorbei. Die Morleys schauten sich an. Wer konnte das gewesen sein? Vorsichtig öffneten sie die Tür und fanden ein Paket auf der Schwelle. Kein Mensch war zu sehen. Es war ein herrliches Paket: ein großes Brot, frischer Lachs, rote Rüben und Gerste, ein Topf Honig, reife Birnen, Rosinenkuchen, ein Päckchen Tee und Zucker.

„Wie Weihnachten!" staunten die Brüder, und Margaret strahlte. „Dem Herrn sei Lob und Dank, wir sind in der Tat reich gesegnet." Da zog Finn unter seinem Bett eine Flasche Wein hervor, es war das Geschenk von Madame Retardé, welches er für seine Mutter hatte aufheben wollen. Jetzt war die Zeit zum Feiern gekommen!

Es folgten stille Tage, Margaret konnte sich an ihren Söhnen nicht satt sehen. Sie waren Männer geworden und hatten ihre klaren Augen und ihr reines Herz bewahrt. Finn hockte bei ihnen und lauschte den Erzählungen von Amerika, dem riesigen Kontinent. Conor spielte gerne auf der alten Fiedel.

Der einzige Gast in dieser Zeit war der Förster. Er versprach, am letzten Tag vor Samhain ein Pferd für Frau Morley zu bringen. Dann fragte er, ob sich die Söhne an das Gebet zur Sonne erinnerten, welches auf der Saturninsel gesprochen werden soll, wenn der erste Morgenstrahl über die Wicklow-Berge scheint. Er sprach mit Ernst:

„Das Auge des großen Gottes,
Das Auge des Gottes der Herrlichkeit,
Das Auge des Königs der Heerscharen,
Das Auge des Königs der Lebenden
Licht ausströmend auf uns,
Zu jeder Jahreszeit,
Licht ausströmend, sanft und großzügig.

Heil dir, du herrliche Sonne.
Heil dir, du Sonne,
Antlitz des Gottes der Lebendigen.
(S. 291)

Im Gutshaus war Aufruhr. Keiner war vor den Flüchen des Herrn sicher. Madelaine durfte das Haus nicht verlassen. Bis zu den Zähnen bewaffnet ritt Monsieur Retardé am Abend des 31. Oktober zur Insel des Saturn, ohne auch nur zum Himmel zu schauen, wo der Mond mit Mars den blauen Planeten Saturn überstrahlte. Er traf seine Gehilfen am Sumpf; doch ahnte er nicht, daß im Ohr des einen Gaules der kleine Knirps saß und sich nun heimlich auf sein Pferd hinüberbewegte und ein ernstes Gespräch mit seinem Pferd begann. Vor ihnen lagen breite Bretter, rundherum war tiefer Sumpf. Von fauligem Holz stieg phosphoriger Schimmer auf, aus einem hohlen Baum flatterten Fledermäuse. „Die Brücke ist fest genug, wenn man nur rasch hinüberreitet", meinte der ältere der Männer. Der Knirps flüsterte: „Galoppiere nur, bis ich HALT sage, dann bleib stehen!" Der Franzose gab dem Tier die Sporen. Es raste los; aber urplötzlich bremste es. Hoch im Bogen flog Monsieur Retardé durch die Luft, schlug gegen eine unsichtbare Wand und stürzte tief in den Sumpf, der sich über seinem Haupte schloß.

Das Pferd wurde sorgfältig zurückgeleitet und stand wieder auf festem Boden. Die Männer riefen: „Jetzt können *wir* das Gold ungehindert ausgraben, wenn wir nur auf diese verdammte Insel kommen können!" Sachte trieben sie die Gäule vorwärts; aber genau dort, wo ihr Herr aufgeprallt war, stießen auch sie gegen den unsichtbaren Schutzschirm. Da half kein Fluchen. Bald wären sie beide versunken, denn die Bretter verloren jeden Halt. Nur mit knapper Not gelangten sie zum Ausgangspunkt zurück. Der kleine Zwerg gab den Gäulen die Richtung an, und sie ritten direkt in die Arme der Morleys! Völlig benommen und hilflos wurden sie gefesselt, an zwei Bäume gebunden, während Padraic und Conor aufstiegen und der Förster das Pferd des Franzosen nahm. Der kleine Knirps berichtete vom Tod des Diebes, und alle atmeten auf. Dann leitete er den kleinen Zug zu der festen Steinbrücke. Sie gelangten ohne Schwierigkeiten auf die blaue Insel, wo sie von tausend Stimmchen begrüßt wurden. Rikara öffnete den Brüdern die Augen, und zum erstenmal in ihrem Leben erhielten sie eine Ahnung von dem ungeheuren Reichtum und der Vielfalt der Elementarwesen: Undinen schwammen im Wasser, Sylphen begleiteten die Nachtvögel, und überall wirkten die fleißigen Gnome. An dem sternenklaren Himmel leuchteten die Konstellationen, und der halbe Mond spiegelte das Sonnenlicht.

Ein Kreis von Bäumen umgab den Ort, wo das Werk zahlloser kleiner Hände zu sehen war. Ganz langsam glitten zwei Kisten nach oben. Frau Morley erkannte die erste als den eigenen Besitz, die zweite war uralt und trug seltsame Verzierungen in verschlungenen Mustern. Mit vereinten Kräften wurde der Morley-Schatz auf eines der Packpferde gehoben und festgebunden. Dann sammelten sich die Menschen und alle anderen Wesen erwartungsvoll mit dem Gesicht nach Osten. Die Spanne des Jahres, in der die Zeit in der Luft hängt, war bald vorbei. Samhain sollte beginnen. Tiefe Stille senkte sich auf die Saturninsel.

Margaret hob ihren Kopf und erblickte über sich ihren verstorbenen Mann mit seinen gefallenen Gefährten; es war, als strahle sein Antlitz. Sie streckte beide Arme hoch. Jetzt sahen auch die drei Söhne ihren Vater, der mit einer segnenden Gebärde verschwand.

Kurz darauf begann das Morgenrot. Die Gnome entfernten den Deckel der Truhe. Im schwachen Licht glänzten Goldplatten, runde Goldscheiben, Torques und Reifen, auf den brüderlichen Segen der Sonne hoffend. Atemlos warteten alle auf den Moment des Sonnenaufganges, den der Chor menschlicher Stimmen begrüßte. Die Silhouette der Wicklow-Berge zeigte ein scharfes Relief. Dann überwältigten die Strahlen ihre Augen. Alle blickten hinunter auf den Schatz. Tief atmend staunten sie das Wunder an. Es war, als tränke das Metall die Lichtstrahlen in sich hinein, um sie in die Tiefe hinabzunehmen.

Rikara gab das Zeichen, der Deckel wurde geschlossen, die Kiste versenkt. Die Gesellschaft brach auf. Einen Moment drehte Margaret sich um und rief: „Habt Dank, habt Dank!"

Finn saß vorne bei Conor auf, Padraic führte das Packpferd am

Zügel. Auf dem Weg wurden die beiden Männer vom Förster mitgenommen. Es ging zuerst zum Gutshof, wo Madame Retardé mit Madelaine ängstlich wartete. Schweigend nahmen sie die Nachricht vom Tode des Hausherrn entgegen. Dann aber füllte die Französin jedem ein Glas Wein. „Möge der Herrgott ihm gnädig sein. Für uns ist sein Ende ein neuer Anfang. Dieses Gut soll wieder den Morleys gehören, die ein älteres Recht darauf haben."

Margaret umarmte die Französin, Madelaine schüttelte den drei Brüdern die Hand, und die Familie kehrte zum letzten Mal in das Haus am Ende des Dorfes zurück. Dort hinter der Hecke wurde die Schatzkiste abgeladen, und einen Augenblick lang standen sie still im Schein der Sonne. Gemeinsam dankten sie dem Planeten:

Heil dir, du Sonne der Jahreszeiten,
Der du das Gewölbe des Himmels durchwanderst;
Stetig sind deine Schritte auf den Flügeln des Himmels,
Du bist die strahlende Mutter der Sterne.

Du legst dich nieder im gefährlichen Ozean,
Ohne Schaden und ohne Furcht,
Du erhebst dich über die friedlichen Wogen,
Wie eine Königin in ihrem Glanze.

(S. 292)

In aller Frühe des nächsten Tages hörte Finn den Ruf: kurz, kurz, lang, lang, lang. Noch schliefen alle, er schlüpfte hinaus und fand ein Wiesel, das ihm den Weg zu dem Versteck im Wald wies, wo Rikara mit vier Gnomen wartete, um ihn zu grüßen: „Tief in der Erde spüren wir das Opfer des Saturns mit seiner Wärme. Wenn aber das Sonnenlicht seine Lichtkraft dem Golde schenkt, erneuert sich die Lebensfreude aller Wesen. Nun ziehen unsere Freunde heim nach Nord und Süd, nach West und

Ost, begleitet vom Segen der Undinen, Sylphen und Salamander. Wir schenken Irland die siebenfache Liebe. Wir brauchen Anerkennung von den Menschen, Güte und den frommen Glauben eurer Gebete. Niemand wird die blaue Insel in den nächsten 30 Jahren betreten können. Dann aber treffen wir dich wieder, wenn du die Hoffnung auf ein freies Irland im Herzen trägst. Deshalb haben wir dich gerufen. Es wird der Tag kommen, wenn das Gold gehoben wird und allen Menschen sichtbar die Kraft der Sonne offenbart. Licht kämpft nicht, Licht scheint und wärmt uns alle in, unter und über der Erde."

Draußen sangen die Vögel und begleiteten den Abschied der Gnomen, die in einer vierfachen Prozession den Wald verließen. Finn winkte dem Kleinen Volk nach, bis der letzte Zug verschwunden war.

Jetzt konnte der Winter kommen, die Not war zu Ende.

Original-Erzählung mit Versen
aus den „Carmina Gadelica"

Das Jahr des Jonathan

Einleitung

Die Insel Sankt Kilda liegt weit im Westen der äußeren Hebriden. Es wird auch von ihr als Hirta gesprochen, mit der Schwesterinsel Soay und der schwarzen Felsenmasse Boreray, 1000 Meter lang und 1259 Meter hoch am Mullach an Eilein, nahe dem Stac Armin, auf dem nur Vögel Fuß fassen können. Die Wellen des Atlantischen Ozeans branden Tag und Nacht gegen die Küsten im Westen. Wind und Regen sind regelmäßige Gäste, und doch haben jahrhundertelang Menschen dort gelebt, gearbeitet, Feste gefeiert, geliebt, gelacht und geweint, gehofft und gebetet. Noch stehen die Ruinen und Mauern dort, die Bewohner aber sind tot. Diese Geschichte weckt alte Erinnerungen, und ihre Wahrheit ist eine Chronik ohne Daten und Dokumente, aus Liebe heraus erzählt.

Rona hatte einen Traum, und beim Aufwachen lächelte sie. Sie legte ihre beiden Hände auf den hochgewölbten Leib und spürte den Herzschlag des Kindes. „Jonathan, hörst du mich?" flüsterte sie. „Du wirst ein Glückskind! Wir freuen uns auf dich. Alle Leute im Dorf freuen sich mit uns. Es gibt so wenige Kinder jetzt; aber du wirst nie allein sein. Paß auf, wenn die Frauen dich erst sehen, dann wollen sie alle wieder Babys haben, Buben und Mädel ..."
Rona schloß die Augen und sank in den Schlaf zurück, den Traum aber vergaß sie nicht. Als ihr Mann vom Fischen heimkehrte, sagte sie zu ihm: „Giles! Höre, was ich geträumt habe: Ein Engel schickt uns einen Lichtboten, der wird uns Kunde vom Land der Wahrheit bringen. Wir sollen ihn Jonathan nennen, weil er Treue üben wird und für jeden aus Sankt Kilda

Gutes tun wird." Schweigend lauschte Giles und staunte. Nie hatte seine Frau solche Worte gefunden. Da sprach etwas Höheres aus ihr, und er nickte zustimmend.

Er schürte das Feuer, schlitzte die Fische auf und streute Salz darüber. Rona nahm das Brot und schnitt Scheiben ab, stellte Buttermilch auf den Tisch und schaute zu, wie Giles die Fische briet. Die sinkende Sonne malte Muster auf den Boden, kostbare Muster, denn Rona besaß Spitzengardinen aus Venedig, die ihr Vater mitgebracht hatte. In kindlichem Stolz freute sie sich schon auf den Tag, da sie ihrem Sohn davon erzählen würde: die feinsten Spitzen im Dorf.

Sie aßen mit Genuß. Giles erzählte, wie er am Stac Armin vorbeigerudert sei und dort eine neue Vogelkolonie gesehen hätte, die aber schwer zugänglich sei. „Die Zeit zum Eiersammeln kommt, das ist gut für unser Kind." Rona strahlte. Frische Eier würden ihr wohltun. Das Torffeuer glühte und duftete. Es war still bis auf den fernen Rhythmus der Wellen im Süden. Giles nahm die Clarsach, seine alte Harfe, die neben der Armbrust an der Wand hing, und spielte eine Melodie. Plötzlich aber lachte er laut auf und rief: „Weißt du noch, wie ich vor einem Jahr um dich geworben hab' und vor jeder Tür die Leute standen und ich Spießruten laufen mußte? Die Männer haben gespottet, und von den Frauen kamen Segenswünsche, und die Kinder liefen hinter mir her. Ich hatte den steifen Anzug an." – „Und ich wartete mit klopfendem Herzen hier im Haus. Ich hatte mein bestes Kleid an, und meine Mutter, Gott hab' sie selig, sprach mir Mut zu. Ich glaube fast, sie war auch in dich verliebt", meinte Rona lachend. „Und mein Vater schwor, du wärst das feinste Mädchen im Dorf. Das lange Warten habe sich gelohnt." – „Jetzt sind beide im Land der Wahrheit. Wer würde uns heute handfest machen?"

Sie schwiegen, und ihre Gedanken gingen zu der schlichten Zeremonie zurück, die sein Vater nach uralter Sitte vollzogen hatte, denn es gab keinen Pfarrer auf Sankt Kilda. „Wenn wieder genug Kinder da sind, kommt vielleicht ein Lehrer auf die Insel, das wäre schön für Jonathan." Giles lächelte: „Warum nicht gleich ein Pfarrer? Der kann dann in der Woche Schule halten und sonntags predigen. Aber erst brauchen wir ein Pfarrhaus." Rona setzte sich aufrecht hin und sagte ernst: „Bringe es dem Parlament als Aufgabe, Giles. Steine gibt es genug zum Bauen." – „Glaubst du, die Älteren hören auf mich?" – „Bestimmt, auf jeden Fall müssen sie auf dich hören, wenn du erst Vater bist."

Die Männer des Dorfes trafen sich jeden Morgen im Parlament der Insel, um die Arbeiten zu verteilen: Wer sollte heute das Boot rudern, wer Seetang für die Felder gewinnen oder Reparaturen am Versammlungshaus durchführen? Das Boot gehörte allen. Die Felder wurden jedes Jahr neu verteilt. Man war dafür verantwortlich, daß den Witwen die schwere Arbeit abgenommen wurde. Die Frauen woben die selbstgesponnene Schafwolle. Das Färben wurde von einem Mann gemacht, der dazu große Töpfe besaß und altes Wissen um Kräuter und Flechten hatte, die gute Farben lieferten. Im Jahr konnten bis zu 3000 Meter Stoff gewoben werden! Mehr als 200 Menschen aber konnte die Insel kaum ernähren. Für junge Leute blieb oft keine Wahl als auszuwandern.

Jonathan kam im Mai zur Welt, und wirklich trug er die Glückshaut! Die Hebamme gratulierte den Eltern: „Ein prächtiger Bursche, kerngesund und mindestens zwei Zoll länger als das letzte Baby." Giles hatte vom Festland einen weichen Schal mitgebracht, in das Rona ihr Kind wickelte.

Sie seufzte vor Glück. „Er ist in die Sonne hineingeboren!" rief sie, und in der Tat strömte goldenes Morgenlicht in die Stube. Giles öffnete die Haustür weit und schaute um sich; war dies wirklich noch die gleiche Welt wie gestern? Das Meer, der Himmel, die Dorfstraße und die grünen Wiesen glänzten in der

Sonne. Der junge Vater spürte einen Jubel in der Kehle aufsteigen: So hatte die Welt noch nie für ihn geleuchtet. Er rief die alten gälischen Worte die Straße hinab: „Ein Ebenbild des lebendigen Gottes ist geboren!"

Aus allen Häusern quollen die Einwohner. Sie liefen auf Giles mit ausgestreckten Armen zu, Segenssprüche auf den Lippen. Die Frauen durften eintreten. In andächtiger Stille staunten sie das Kind an. Die alte Hebamme streckte ihre Hände aus. Sanft legte Rona ihren Sohn hinein, und diese Hände trugen ihn zum Feuer, wo Giles bereitstand. Dreimal reichte die Amme ihm das Neugeborene quer über die Flammen hin. Dazu murmelte sie Runen der Weihe, die dem Gott des Feuers gewidmet waren. Dann schritt Giles mit dem Kind von Ost nach West dreimal um das Feuer in der Mitte des Hauses und weihte das Kind der Sonne, während die Amme Wasser in ein Becken füllte, in das Rona ein Stück Gold legte. Wohlig reckte sich das Kind im warmen Wasser und ließ sich waschen. „Wir wünschen dir Liebe zum Frieden, Liebe zur Erde, Liebe zur Freude. Wir wünschen dir die Gnade der Güte, die Gnade des Glückes, die Gnade des Sieges auf allen Feldern der Erde."

Mit großen Augen schaute das Baby sich um, als Giles es hochhob, jetzt trocken und warm im weichen Schal. „Wir taufen dich Jonathan, im Namen des Vaters", „Amen", „Im Namen des Sohnes", „Amen", „Im Namen des Heiligen Geistes", „Amen", klang es von den Lippen der Frauen zum drittenmal. „Drei Tropfen zum Segen, drei Tropfen zur Reinigung, drei Tropfen zur Erlösung." Mit diesen Worten der Haustaufe legte Giles das Kind wieder in Ronas Arme. Die Nachbarn verließen singend das Haus. Ihr Loblied war noch lange zu hören.

Es bewahrheitete sich, was Rona prophezeit hatte. Jonathan war ein Glückskind. Die Frauen im Dorf konnten sich nicht satt sehen an ihm. Im folgenden Jahr wurden mehrere Buben geboren, im Sommer einige Mädchen. Mit den Kindern kehrte die Sehnsucht nach einem Pfarrer zurück. Als Jonathan seinen dritten Sommer erlebte, sprachen die Eltern mit ihm darüber, daß er ein Geschwisterkind erwarten dürfe. Da sprang er auf, hob den Kopf zum Himmel und rief laut: „Du kannst jetzt herunterkommen, Hanna, wir warten auf dich." Erstaunt fragten sie nach dem Grund seiner Worte. Er meinte, er habe schon lange auf diese Schwester gewartet, er kenne sie von früher. Mit inniger Anteilnahme begleitete er Rona dabei, die Wiege herzurichten. Wenn die Mutter beim Spinnen war, zupfte er die Wolle mit seinen kleinen Fingern ganz fein, damit daraus ein warmes Jäckchen für die Schwester würde.

Hannas Geburt verlief rasch und leicht. Sie war kleiner und zarter gebaut als ihr großer Bruder. Während er einen dicken Schopf kastanienroter Haare und braune Augen hatte, war Hanna blond und blauäugig. Sie war eine kleine Eva und zeigte Freude an bunten Bändern. Gern spielte Giles für sie auf der Harfe, und Jonathan lernte Flöte blasen. Rona mußte lachen, wenn er ernsthafte Gespräche mit Hanna führte, lange ehe sie sprechen gelernt hatte. Oft brachte er ihr kleine Geschenke mit, eine bunte Feder oder einen schönen Stein. Dann krähte sie und warf die Dinge aus der Wiege. Geduldig hob er wieder auf, was heruntergefallen war.

Im Dorf aber war der Junge ein Rädelsführer und machte mit den Kindern manchen Streich oder unternahm waghalsige Klettereien. Es wurde dringend Zeit, wieder eine Schule einzurichten, die in den Hungerjahren eingegangen war. Das Parlament besprach die Sache gründlich. Dort hatte Giles inzwischen eine wichtige Stimme. Sein Name, auch Gilles geschrieben, bedeutet „Diener der Maria". Damit fühlte Giles sich für die Andachten in der Kirche verantwortlich, die früher vom blinden Hektor gehalten worden waren.

Rona erzählte ihrem Mann am Abend gerne von den merkwürdigen Dingen, die Jonathan tagsüber zu ihr oder Hanna gesagt hatte. Giles nahm ein Heft, in das er wortgetreu alles aufschrieb. Mit jedem Jahr wurde es mehr, und dieses Heft wurde später ein wahrer Schatz für das ganze Dorf. Hier sind einige der Dinge; der Leser möge mir glauben, daß nichts davon erfunden oder von Erwachsenen hinzugefügt ist.

„Wenn ich abends einschlafen will, erzähle ich vorher meinem Engel, was alles passiert ist. Dann kann er vielleicht manches besser machen. Dabei merke ich, wie gut das ist; denn wenn ich es abends nicht erzählt hätte, dann wäre mir nicht aufgegangen, was falsch war, und ich würde es wahrscheinlich am nächsten Tag wieder falsch machen."

„Nicht wahr, die Menschen sind am besten, sie können alles machen, wau, wau bellen wie ein Hund oder miau wie eine Katze oder muh wie die Kuh … sie können alles."

„Gott ist so ähnlich wie Licht, man kann Gott nicht sehen, weil er überall ist." Hanna fragt: „Wie hat Gott die Augen gemacht?" Jonathan: „Er tut ganz viel Seele hinein … und etwas Regenwasser, das sind die Tränen."

Giles rüstete das Boot für eine Fahrt zum Festland, um sich um einen Pfarrer oder Lehrer zu bemühen. Zwei andere Väter segelten mit. Es sind gut hundert Meilen bis Glasgow. Der Wind war günstig, und die Männer trafen auf Verständnis. Der Pfarrer Martin O'Martin war bereit, beide Ämter zu füllen, wenn es für ihn eine Unterkunft gäbe. Groß war die Freude bei der Heimkehr! Giles hatte Bücher mitgebracht, darunter ein Bilderbuch in englischer Sprache. Jetzt hieß es, die neue Sprache zu lernen. Jeden Abend saßen Vater und Sohn zusammen. Eine ganze Welt ging ihnen auf; sie hörten von Palmen, tropischen Früchten und schwarzen Menschen. Wenn Giles fragte, ob Jonathan gerne seine Insel tauschen wolle, erwiderte Jonathan ernsthaft, es gäbe auf der Welt keine bessere Heimat als Sankt Kilda. Hier wolle er sein Leben lang bleiben.

Mit aller Energie arbeitete Giles mit den Männern an dem Haus für Mr. O'Martin. Ein Tischler fertigte Möbel aus dem wenigen kostbaren Holz, das von einem Schiffbruch übriggeblieben war. Im Herbst war es soweit: sechs Fuß dicke Mauern aus Stein, ein Strohdach, festgebunden mit dicken Tauen, die aus Heide gedreht waren, an denen Steine hingen, damit der Sturm nicht das Dach fortwehen konnte. Nun durfte der Pfarrer kommen. Die Frauen sorgten für Geschirr, Wasserkrug und Öllampen. Sie stopften eine Matratze mit trockenem Farnkraut aus, auf dem es sich gut schläft, und woben ein paar Wolldecken.

Martin O'Martin packte Kisten mit Büchern und Schulmaterial, dazu alles, was er für die Gottesdienste brauchte und segelte spät im September den Fluß Clyde nach Westen und durch die Inseln der Hebriden ins offene Meer. Ein Sturm ballte sich im Norden. Mit Mühe gelangte das Schiff in Sichtweite der Insel Sankt Kilda, wohin die vielen Seevögel den Weg wiesen. Eine steife Brise erschwerte die Landung. Mit Entsetzen sahen die Männer, wie das Boot, auf das sie so lange gewartet hatten, gegen die Klippen zu treiben begann.

Aus allen Häusern eilten die Frauen, und Giles rief ihnen zu: „Geht in die Kirche und betet!" Er selber ließ das kleine Boot mit Hilfe der stärksten Männer vom Stapel. Nur mühsam kämpfte es gegen die Brandung an. Mit der Lotsenflagge dirigierte er das Schiff an den Klippen des Dun vorbei und in den Hafen. Der Mann im Ausguck ließ seinen Ruf ertönen. Nun strömten Frauen, Großmütter und Kinder an den Strand. Martin wurde jubelnd begrüßt, seine Kisten an Land gezerrt, das Schiff festgemacht. Da brach plötzlich zwischen den Wolken die Sonne hervor.

Was erblickte der junge Pfarrer? Bis zur Unkenntlichkeit in Wolltücher verpackte Kinder, Frauen mit dreifachen Röcken und langen Schals, die Männer in Schwarz gekleidet. Dahinter standen die Häuser in einer Reihe, schmale Felder, Schafkoppeln auf den Abhängen und steile Berge rundherum. Die Luft war erfüllt mit laut schreienden Vögeln, und sein Herz wurde klamm. Hilfreiche Hände griffen nach den Kisten, und die Prozession setzte sich in Bewegung zum Pfarrhaus. Dort brannte bereits ein Feuer im Herd, und es duftete nach gutem Essen, zu dem auch der Kapitän eingeladen wurde.

Martin zählte 16 Häuser, dazu sein Pfarrhaus und die Kirche, die schlicht und klein war. Giles bot seine Hilfe beim Auspakken der Kisten an. Er nahm Jonathan mit, der staunend und voll Begeisterung die vielen Bücher sah und sie liebevoll der Größe nach ordnete. Lachend meinte Martin, bei Büchern gelte eine andere Ordnung. Er erklärte ihm die Begriffe Theologie, Philosophie, Geographie und Botanik. „Dürfen wir das alles lernen?" fragte Jonathan eifrig. „Das kommt ganz auf dich an, wie weit wir damit kommen." – „Bis zum Himmel", meinte der Junge und wies auf den Stapel Theologiebücher.

Es wurde dunkel, Giles nahm einen Stock aus dem Stapel von Treibholz und spießte damit ein glühendes Stück Torf auf. Mit dieser Fackel wanderten sie heim zum Abendessen. Rona wollte genau wissen, was die beiden erlebt hatten. Jonathan beschrieb mit leuchtenden Augen die „Bibliothek". Das war ein neues Wort für ihn, das ungeahnte Welten öffnen würde. Giles berichtete, am Sonntag würde der erste Gottesdienst gefeiert werden. Dabei könnten Jonathan und Hanna richtig getauft werden, zusammen mit allen anderen Kindern im Dorf.

Rona strahlte vor Glück, wendete ihre Gedanken aber gleich der praktischen Seite zu. „Dann muß von uns allen Kuchen gebacken werden!" – „Und ich darf rühren helfen", erklärte Jonathan. „Es ist gut, daß wir noch Eier im Vorratshaus haben und genug Milch. Der Pfarrer soll sehen, wie reich Sankt Kilda ist."

Auch Herr Martin sann den Ereignissen des Tages nach. Als damals die drei Männer bei ihm in Glasgow waren, hatte er darüber gelächelt, wie Giles von seinem Sohn sprach ... Hielt nicht jeder Vater seinen Nachkommen für ein Wunderkind? Auch sein eigener Vater war stolz auf ihn gewesen. Jetzt aber dachte er an die glühenden Wangen dieses Kindes beim Anblick der Bücher und fühlte eine warme Zuneigung zu ihm. Der Unterricht würde Freude bringen. Es hatte ihm tiefen Eindruck gemacht, daß wirklich *alle* Einwohner so sehr auf ihn gewartet hatten, dieses stabile Haus für ihn gebaut hatten, und wie während des Sturmes alle Frauen für ihn in der Kirche gebetet hatten, wie er erfuhr. Nein, dies waren keine Heiden!

Die nächsten Tage bestätigten den Eindruck von seiner neuen Gemeinde. Es gab keinen Alkohol und keine Betrunkenen, wie er es täglich in der Stadt hatte erleben müssen. Man trank Wasser frisch von der Quelle oder Buttermilch. Alle Nahrung kam vom Land oder aus dem Meer. Diebstahl war undenkbar, alle Türen standen offen. Die Witwen wurden mit Selbstverständlichkeit versorgt. Die Sakramente waren treu verwaltet worden. Jeder besaß eine Bibel, wenn unter den Alten auch nicht alle lesen konnten. Aber gerade sie kannten viele Gebete und Lieder. Sie sangen bei der Arbeit und hatten uralte Geschichten zu erzählen. Martin gelobte sich, soviel davon aufzuschreiben wie möglich. Diese Alten erinnerten sich an die Worte der Sakramente genauestens, Wort für Wort.

Am Sonntag war jeder Platz in der Kirche besetzt. Alle Kinder saßen in ihren besten Kleidern zur Taufe in der ersten Reihe, unter ihnen Hanna und Jonathan. Es wurde ein wahres Fest, so groß war die Freude, endlich einen geweihten Pfarrer auf Sankt Kilda zu haben.

Von da an gab es täglich Schule. Einmal im Monat kam ein Schiff mit Briefen und Waren an. Damit fühlte die kleine Gemeinde sich nicht mehr so abgeschnitten von der Welt. Im Frühjahr kamen sechs junge Gelehrte, Freunde von Martin, die Sankt Kilda erforschen wollten. Sie studierten die Steine, die

Pflanzen und Vögel und schrieben alles in drei Sprachen auf, Gälisch, Englisch und Latein. Hier ist einiges auf deutsch: das Gestein ist vulkanisch, unter den Pflanzen gibt es Salzwermut, Grasnelke, Strandnelke, Heide und Löffelkraut und viele Wiesenblumen. Unter den Vögeln den Zaunkönig, Stare, Sturmvögel und natürlich Möwen, Papageientaucher und Turmfalken; aber der wichtigste Vogel war der Eissturmvogel, von dem die Bewohner lebten.

Oft durfte Giles Führer der Forscher in der unwegsamen Gegend sein, wo die Nester versteckt waren. Er hatte Geschick im Klettern. Jedes Jahr war er es, der die meisten Eier sammelte. Unter den Tausenden von Nestern machte er nie eines ganz leer, damit die Zukunft gesichert blieb. Er hatte feingeflochtene Netze zum Fangen der Vögel, wenn die Brutzeit vorüber war. Jonathan durfte ihn begleiten. So lernte er die sechs Fremden gut kennen. Derartig hungrig nach Wissen war er, daß er am schnellsten die vielen Namen lernte, woran die Forscher Freude hatten. Beladen mit Gesteinsproben, gepreßten Pflanzen und Skizzen der Vögel kehrte das Schiff zurück. Stolz erzählte Giles seiner Frau an diesem Abend, wie jeder der sechs Forscher ihn beiseite genommen und gesagt habe, Jonathan müsse *seine* Wissenschaft studieren und Geologe, Botaniker oder Ornithologe werden, seine Begabung sei einmalig. Rona antwortete lachend: „Sie ist also dreimalig! Und Herr Martin will, daß er Theologie studiert."

„Dabei ist er nur ein kleiner Knirps. Aber manchmal denke ich, er ist uns allen voraus. Gestern sagte er, ich solle mir seine Hand anschauen, da wären alle die Linien von seinem vorigen Leben drin." Giles wurde nachdenklich. „Ich glaube, er hat recht. Es heißt ja im Neuen Testament, Johannes sei Elias. Vielleicht haben auch wir uns in einem früheren Leben gekannt."

Herr Martin dachte gerade über seinen Schüler nach. Jonathan hatte nach den Engeln gefragt. Mit Mühe hatte er alle neun

Hierarchien nennen können. Nun schrieb er sie auf: Angeloi, Archangeloi, Archai, Exusiai, Dynamis, Kyriotetes, Throne, Cherubim, Seraphim.

Und darüber die Trinität, allumfassend, allwissend.

Es klopfte, und Jonathan steckte seinen Kopf herein. „Störe ich?" fragte er. „Komm nur herein, ich will dir etwas zeigen." Der Junge buchstabierte schweigend an den seltsamen Worten, bis er zu dem Wort Trinität kam. Da begann sein Gesicht zu leuchten. Ein wenig zögernd zählte er auf: „Vater, Sohn und Heiliger Geist ... aber hier muß es umgekehrt stehen: Heiliger Geist, Sohn, Vater. Der Vater ist der größte, und alles ist in ihm. – Ich bin auch ein Sohn, aber ich kann kein Vater werden." – „Warum nicht?" fragte der Pfarrer erstaunt. „Weil ich keine Zeit habe." Da stand dieses Kind voller Ernst vor ihm. „Geht es nach innen auch so tief wie mit den Engeln nach oben?" fragte Jonathan plötzlich. „Am Sonntag haben Sie gesagt, Gott ist in uns. Und alles ist in Gott. Dann müssen alle diese Engel auch in uns sein. Warum merke ich das nicht? Den Engel merke ich manchmal, der hat mir von Hanna erzählt, aber meine Eltern wußten das garnicht."

In den folgenden Jahren dachte Martin oft an diese Stunde zurück. Es war der Beginn vieler Gespräche, von denen er manche aufschrieb. Er bereitete seine Predigten doppelt so sorgsam vor; denn oft brachte der Junge hinterher seine Fragen zu ihm. Einmal fragte er: „Stimmt es, daß Jesus und der Vater eins sind? Wenn Jesus das sagt und er wird gegeißelt, dann wird der Vater auch gegeißelt. Ob Gott auch mit mir leidet, wenn ich geschlagen werde? Wenn ich mich nicht sträube, wenn's weh tut, kann ich dann eins werden mit ihm? Wenn man das schafft, dann braucht man gar nicht so alt zu werden." Aber diese Gespräche fanden später statt.

Aus dem Logbuch des Dorfes erfuhr Martin, welche schlimmen Jahre diese Menschen durchgemacht hatten, Stürme, Fluten,

Hunger und Schiffskatastrophen; Kinder und Erwachsene waren ertrunken, Babys früh verstorben. Die Zahl der Bevölkerung wurde in manchen Wintern dezimiert. Und doch war da dieser Mut, der Reichtum an schönen Liedern, die Gebete. Es gab scheinbar keine Angst vor dem Tod. Der blinde, alte Hektor MacDonald sprach diese Verse:

Der König der Sterne

„Vollkommene Ruhe auf Land und Meer,
Friede liegt auf Moor und Wiese,
Des Königs freudiger Blick und sein Lächeln
Erreichen die Schwachen im Ozean.

Tag des Friedens und der Freude
Der strahlend helle Tag meines Todes;
Möge die Hand Sankt Michaels mich suchen
An dem sonnigen Tag meiner Erlösung."

Jeden Tag lernte Martin etwas Neues. Er begann besser zu verstehen, woher Jonathan seine Fragen hatte. Die alten Verse hatten das Mysterium der Dreifaltigkeit auf vielerlei Art ausgedrückt. Oft wurden die Engel angerufen und Sankt Michael oder Brigid die Heilige, aber auch Maria, vor allem von den Frauen, und die vier Elemente spielten eine große Rolle. Er notierte ein Gespräch mit Jonathan kurz vor dessen Konfirmation. „Wir haben es gut, wir leben nicht in der Wüste, zuviel Regen ist besser als zuwenig, denn ohne Wasser kann man nicht leben. Unsere Häuser sind auf Felsen gebaut, nicht auf Sand, dann kann der Sturm kommen, und das Haus bleibt fest. Die ganze Insel ist aus Felsen gemacht, und darum brauchen wir nicht aufs Festland. Auf Sankt Kilda können wir alle Elemente erleben und alles von ihnen lernen, vor allem, wie kostbar der Ackerboden ist. Wir haben zu wenig Erde, darum machen wir aus Sand und Seetang jedes Jahr Kompost. Bei uns wachsen keine Bäume, aber das Meer schwemmt immer wieder Holz an, da kamen schon ganze Baumstämme angeschwommen. Eigentlich ist es schön, daß wir keine lebendigen Bäume abschlagen müssen, das würde mir weh tun. Was bei uns antreibt, das freut sich wohl, wenn es ins Feuer darf nach der langen Meerfahrt, es freut sich, daß es brennen darf, die Flammen lachen so richtig, wenn sie spielen und der Wind bläst in den Schornstein. Torf glimmt nur, Holzfeuer ist viel lebendiger. Die Asche kann hinterher auf unsere Felder gestreut werden, und die Wurzeln holen sich das Gute davon raus. Ich glaube, die Feuergeister wissen genau, wie schön wir uns wärmen und hören zu, wenn wir abends Geschichten erzählen oder singen und Musik machen. Das Feuer macht den Winter erst so richtig gemütlich. Wenn es nicht lebendig wäre, könnte es das garnicht."

Staunend las Martin später diese Aufzeichnungen, vor allem die letzten von dem Vierzehnjährigen:

„Jesus sagt so oft: Fürchtet euch nicht. Hatten denn die Jünger Angst? Wovor denn? Angst ist Enge, es drückt dich zusammen. Das Schlimmste wäre der Tod; aber der macht ja aller Angst ein Ende. Dann wird die Enge weit, und man ist frei, um in den Himmel zu fliegen. Im Himmel weint keiner mehr. Ich stelle mir immer den Himmel so vor, als ob wir da alle tanzen. Beim Tanzen spürt man keine Enge, und die Musik im Himmel ist bestimmt viel schöner als unsere Musik."

„Wenn man nicht daran glaubt, daß wir wieder zur Erde zurückkommen, dann ist man vielleicht im Himmel blind und sogar taub, und sicher kriegt man dann vorm Tod Angst. Neulich mußte Callum ein krankes Schaf töten. Da hat er gesagt: ‚Das Schlimmste ist manchmal das Beste.‘ Und er liebte sein Schaf, es hatte sogar einen Namen."

Damals träumte Martin von dem Tag, an dem *sein* Schüler Jonathan in der Universität Sankt Andrews den Doktortitel erwerben würde, der erste Doktorand von dieser Insel! Dann würde er, Martin, vielleicht berühmt werden.

Vorläufig aber war Jonathan ein Kind, das gerne herumstrolchte und dabei Hanna mitnahm. Das konnte gefährlich sein, weshalb Giles ihn sogar einmal prügelte. Er hatte die beiden beim Eiersuchen in einer Felsspalte entdeckt, aus der die Kleine allein nicht hätte klettern können. Rona war entsetzt. Jonathan biß die Zähne zusammen. Er wußte, sein Vater hatte recht. Am nächsten Tag ging er zu Rori MacCallum, der die Kletterschuhe aus weichem Leder nähte, und bat um Schuhe für Hanna. Mac-Callum lachte: „Da mußt du die Feen fragen, so kleine Schuhe können meine groben Hände nicht machen." Jonathan dachte nach. „Wenn ich aus Lederstreifen eine Art Halfter basteln könnte, um Hanna festzuhalten, dann könnte ihr nichts passieren."

Rori MacCallum schnitt lange Streifen von Schafsleder ab und knotete zwei kurze Streifen für die Brust quer an zwei lange. Hinten aber war eine Schlaufe, an der die Riemen verschoben werden konnten, wenn Hanna wachsen würde. „So ein Halfter wäre auch für Tiere nützlich", meinte MacCallum. „Eine gute Idee, wir haben in den Felsen schon oft Schafe verloren. Vielen Dank." Hanna war begeistert von dem Halfter. Man konnte die zwei oft durchs Dorf zum Eiersuchen gehen sehen. Jetzt konnte ihr nichts passieren, solange der große Bruder sie festhielt.

Die nächste Erfindung war ein kleiner Aufzug oder Hänge-korb, den man über dem Felsrand festmachen und mit Hilfe von Schlaufen auf- und abziehen konnte, so weit es nötig schien, um an tiefer liegende Nester heranzukommen. Er nann-te es Pulli und war stolz darauf. Eines Abends saß Jonathan beim Schnitzen von Treibholz. Er hatte ein langes Stück in der Hand und höhlte ein Ende zu einem Löffel aus. Am anderen Ende des schlanken Stieles schnitzte er einen Griff. „Was soll das werden?" fragte Rona. „Das ist zum Kratzen von Erde, dann kann man viel weiter in die Felsritzen hineinlangen." Auf Sankt Kilda suchen die Frauen im Frühjahr die Felsen auf, wo sie aus den Vertiefungen den Humus holen, der sich dort ansammelt; eine mühsame Arbeit.

„Du hast es gerade rechtzeitig geschnitzt, morgen gehen wir in die Berge", sagte Rona und schaute zu, wie ihr Sohn den Griff glättete. Eine Welle des Glücks stieg in ihr auf. Jonathan war ihr täglich eine neue Freude, er kam so erfüllt aus der Schule, daß er ihr immer gleich erzählen mußte, was er gelernt hatte, und Hanna hörte mit großen Augen zu. „Was ich jetzt sage, das mußt du nicht glauben, Hanna, prüfe es erst selber, ob es auch für dich stimmt", sagte er einmal. Wenn Hanna Fragen stellte, rief er oft: „Denk mal scharf nach!" Sie zog die Stirn hoch, dachte nach, und manchmal kam ihre zögernde Antwort. Dann freute Jonathan sich. „Siehst du, die Antworten sind in dir drin. Wenn ich später nicht mehr bei dir bin, brauchst du nur innen zu graben, um die richtigen Antworten zu finden."

Am nächsten Morgen zog Rona ihre weiten Röcke kniehoch und band sie fest, schlüpfte in ihre weichen Kletterschuhe und schwang den flachen Korb auf den Rücken. Sie nahm ihren gewohnten Erdlöffel, aber auch den langstieligen, um ihn auzuprobieren.

In der Dorfstraße hatten sich die jungen Frauen schon versammelt. Unter Lachen und Schwatzen stiegen sie den Abhang hinauf, fächerten aus, sobald die ersten Felsen erreicht waren, wo jede mit wachen Augen die Spalten nach Erde absuchte. Sie kratzten den kostbaren Humus mit den Löffeln, warfen die Erde geschickt in den Korb und kletterten höher. Kaum war Rona allein, probierte sie den neuen Löffel in einer tiefen Spalte aus. Siehe da, es ging spielend leicht, sie brauchte sich nicht so weit vorzustrecken und konnte doch mehr erreichen. Stolz trug

sie den schweren Korb ins Tal zurück. Giles nahm ihn ab und
breitete die Erde sorgfältig über ihr Feld. Bald konnte die Saat
beginnen.

An diesem Abend schien es Rona, als sei ein Kind am Fenster.
Sie wußte, daß Hanna und Jonathan schon schliefen, und sie
versuchte, die Erscheinung klar zu sehen und ging um das
Haus. Etwas flitzte um die Ecke, verschwand, um an der anderen Seite sekundenlang aufzutauchen, ein blonder Bub, fast
durchsichtig ätherisch, wie ein Himmelsbote. Sie erzählte Giles
davon, und er nahm ihre Hände, zog sie ins Schlafgemach und
flüsterte: „Zu mir ist er heute auch gekommen, er will geboren
werden, komm."

Die Monate flogen dahin, Hanna ging täglich mit ihrem Bruder
zur Schule. Nachmittags sammelten sie beide gerne Treibholz.
Es war ein Schiff gegen die Insel Soa getrieben worden, und die
Männer hatten ganze Kisten mit kostbarem Inhalt gefunden.
Hanna aber entdeckte einen pechverschmierten Korb, der in
einer Höhlung gelandet war. Sie glaubte ein Winseln zu hören
und watete in die Höhlung, erschrak aber, als eine Welle den
Korb hochhob und ihn außer Reichweite trug. Sie schrie, nahm
dann den Augenblick wahr, in der das Wasser zurücklief und
ihr den Korb wieder näher brachte. Tatsächlich sah sie einen
Hund darin hocken! Jonathan warf ihr das Halfter zu und
behielt das Ende der Schlaufe in der Hand. Rasch riß sie den
Korb an sich, ehe die nächste Welle kam, doch hätte sie sich
nicht am Halfter festhalten können, wäre sie wohl wegge-
schwemmt worden. So aber konnte Jonathan sie zu sich ziehen
und ins Trockene bringen. Staunend betrachteten beide den
jungen Hund, der am ganzen Leib zitterte. „Stecke ihn unter
deine Jacke!" rief Hanna. Ja, dort erwärmte sich das Tier, und
stolz trug er es heim.

Giles wollte genau wissen, wo die beiden das Tier gefunden
hatten. Er wurde zornig: „Wieder habt ihr euer Leben aufs Spiel

gesetzt, schon so oft sind Kinder ertrunken. Ich verbiete euch solche Abenteuer." Mit großen braunen Hundeaugen blickte das Tier ihn an, und Giles fügte mit sanfter Stimme hinzu: „Er muß einen Namen haben." Eifrig besprachen sie die Wahl. Der Hund wurde Roy genannt. Hanna erhielt die Verantwortung für ihn.

Jonathan ging zum Pfarrer und bat ihn darum, eine Skizze von ihm zu zeichnen. Beim Sitzen ergab sich ein Gespräch, welches tiefen Eindruck auf den Jungen machte. „Wenn du in einem trockenen Brunnen stehst und von unten zum Himmel schaust, kannst du die Sterne am hellen Tag sehen", erklärte Herr Martin. Zu Hause berichtete er von diesem Wunder und fügte hinzu, von einer engen Talsohle aus müsse es auch möglich sein, die Sterne zu sehen.

Die größte Freude in Hannas Leben war es, täglich mit Roy unterwegs zu sein. Bald fand sie in Benjamin einen neuen Freund. Ben war neun Monate nach Jonathan geboren, er war klein und zierlich gebaut, voller Humor. Sein Glück war das Mutterschaf, das nur ihm gehörte und bald Zwillinge zur Welt bringen würde. Freudig erzählte Hanna, wie sie zu Hause die alte Wiege hergerichtet habe, denn es würde ein Baby erwartet. Gemeinsam wanderten sie zu den Schafhürden, wo die Lämmer später versorgt werden würden.

Jonathan war beim Eiersuchen, als ein Schrei ihn aufhorchen ließ. Er kam von dem steilen Claigoann Mor, der fast 1000 Fuß hoch ist. Jonathan lief dorthin und fand Hanna und Benjamin an der Steilkante. Roy bellte laut, und von unten kam ein Mäh, Mäh. Vorsichtig schob Jonathan sich über den Abgrund. Ein Schaf stand auf einer schmalen Klippe, zu dem ein Pfad hinführte. „Kannst du es retten?" flehte Benjamin. „Es soll doch Zwillinge kriegen!" Hanna fragte: „Hast du das Halfter mit? Damit können wir es hochziehen." Jonathan zog das Halfter hervor und löste die Knoten, um es zu verlängern. Ob es passen würde? Schafe waren kostbar. Sein Vater jedoch hatte ihn gewarnt, kein Risiko einzugehen. Voll Vertrauen schaute Hanna ihn an, sie glaubte an seine Fähigkeit. „Wenn wir zwei die Schlaufe festhalten, kannst du dem Schaf das Halfter überziehen, und wir holen es herauf", meinte sie zuversichtlich. Wieder blickte Jonathan in den tiefen, dunklen Schacht, wog seine Chance ab und fragte: „Seid ihr stark genug dazu?" Die Kinder nickten. Mit äußerster Vorsicht ging Jonathan den schmalen Pfad entlang und murmelte dabei beruhigende Worte. Das Schaf hörte auf zu meckern und hielt ganz still, während Jonathan ihm das Halfter überzog und es festschnallte. „Los jetzt, zieht!" rief er, und tatsächlich hob das Tier sich in die Höhe. Jonathan stand mit dem Rücken an die Felswand gepreßt, die Arme ausgebreitet.

Kaum hatte das Schaf die Felskante erreicht, schlug es mit seinen Hufen gegen die Steine, löste einen Brocken, der Jonathan auf die Schulter traf. Er blieb trotz des Schmerzes still und aufrecht stehen; doch ein zweiter und dritter Brocken fällt, trifft ihn auf Kopf und Nacken, und Jonathan fällt, fällt, fällt mit ausgebreiteten Armen in den Abgrund. Hanna beugt sich vor, während Benjamin sein Schaf vollends in Sicherheit zieht. Noch lebt ihr Bruder, sie sieht, wie er die Arme bewegt; seine Augen sind offen. „Hole meinen Vater!" befiehlt Hanna. Ben läuft, wie er noch nie gelaufen ist.

„Kannst du die Sterne sehen?" ruft Hanna aufgeregt. Nach einer Weile sieht sie ein Nicken. Vertrauen fließt in ihre Glieder. Vater kann alles, Vater wird ihn retten.

Giles war auf der Jagd nach Tordalk-Vögeln. Er hörte den verzweifelten Schrei Benjamins und setzte sich in Trab. Es war Spätnachmittag, die Schatten wurden lang, und der Himmel war rot. Jetzt hörte er auch die Stimme von Hanna aus dem Westen von Claigoann Mor. Sein Herz zog sich zusammen. Wie wagte sein Kind, dorthin abzuirren? Atemlos erreichte er den

Steilhang und wurde mit lautem Bellen von Roy begrüßt. Er sah Hanna heil und gesund. Sie aber wies auf die Schlucht. Giles erblickte seinen Sohn 500 Fuß tief auf der Talsohle, die bereits im Schatten lag. Er sah Jonathan mit ausgebreiteten Armen, so wie er gefallen war. Sein Herz verkrampfte sich. „Er kann die Sterne sehen", sagte Hanna. Giles aber vernahm kaum ihre Worte. Er sah voller Schrecken die Raubvögel in der Luft kreisen, und blitzartig war ihm klar, was das bedeutete. Kein Mensch konnte sein Kind retten, elendig würde es dort sterben, seine Augen von Vögeln ausgepickt, kalt, blind, mit gebrochenem Rücken wehrlos verenden. Dieses Tal hatte keinen Zugang, es war rundum abgeschlossen.

Rona legte unvermittelt ihre Arbeit nieder und eilte vor das Haus. Im Westen glühte der Himmel rot. Hoch oben schaute sie die weißrote Gestalt Sankt Michaels, der ein Licht in der Hand trug, das Zeichen dafür, daß ein Mensch im Sterben liegt. „Das muß der alte Gale Scott sein oder der blinde Hektor", sagt sie sich und schaut ins Dorf. Da tritt Hektor an der Hand des Pfarrers heraus, und Gale Scott biegt gerade um die Ecke. Aus allen Türen drängen die Frauen sich, denn sie hörten Benjamin nach Giles rufen.

Die Bewohner des Dorfes setzen sich in Bewegung. Mit abgewandten Gesichtern gehen sie den Hang hinauf. Wie benommen folgt Rona.

Es ist weit zum Claigoan Mor, und es wird immer steiler. Benjamin eilt voran, und die anderen folgen schweigend. Selbst von den Kindern spricht niemand. Oben steht Giles mit seiner Armbrust. Die Sonne malt ihre Schatten wie ein Kreuz auf den gegenüberliegenden Felsen. Hanna sieht ihre Mutter und ruft: „Er lebt noch!" Rona weiß, von wem sie spricht. Roy jault und reibt sich an ihr. Sie stolpert die letzten Schritte hinauf. Giles fängt sie auf. Der Pfarrer hat die Felskante erreicht und erstarrt. Mit einem Blick erfaßt er die Lage. Tausend Hoffnungen sterben in ihm. Die Menge drängt sich so nahe wie möglich. Herr Martin ruft: „Betet zu Gott dem Allmächtigen!" Alle beugen das Haupt. Jonathan liegt mit offenen Augen da. Die Vögel sind vor den Menschen geflohen. Als Herr Martin die gälische Rune zu sprechen beginnt, fallen alle Stimmen ein:

„Tag des Friedens und der Freude,
Der helle Tag meines Todes;
Möge die Hand Sankt Michaels mich suchen
An dem sonnigen Tag meiner Erlösung."

Mit hochgestreckten Armen sprach der Pfarrer den letzten Segen. Während Jonathan auf Martin blickte, hob Giles die Armbrust. Kaum verklangen die letzten Worte, da schoß er seinem Sohn durch das Herz. Nie wieder hat der Vater diese Armbrust benutzt.

Hanna lag auf dem Boden. Ihre Hände umkrallten einige Wildblumen. Ihre Mutter hob die Schluchzende auf. „Schenke Jonathan den Strauß", sagte sie. Hanna warf die Handvoll Blumen in den Abgrund. Alle Kinder folgten ihrem Beispiel. Es regnete roten Klee, Augentrost, Wicken, Sauerampfer und Löwenzahn. Die Erwachsenen gingen ein Stück weiter und brachten Arme voll Heidekraut und warfen es hinunter, bis der Körper ganz bedeckt war.

Herr Martin lud alle zur Kirche ein, wo die Trauerfeier gehalten wurde. Es sollte drei Tage schulfrei geben, wie es die Sitte verlangte. Wer morgen zur Gedächtnisfeier kommen wolle, sei willkommen.

Benjamin war verzweifelt. Es war seine Schuld. Er hatte sein Schaf nicht genug behütet und dann seinen besten Freund um Hilfe gebeten, es zu retten. Er saß schluchzend in der steinummauerten Schafhürde und bemerkte nicht, wie sein Schaf von Giles begleitet durch den Eingang kam. Erst als er es blöken hörte, sah er auf. „Es ist soweit, hilf mir beim Lammen." Benjamin stand verwirrt auf. Warum war Giles ihm nicht böse? Wie konnte er nur so ruhig sein?

Das Schaf aber verlangte alle Aufmerksamkeit. In rascher Folge wurden zwei gesunde Lämmer geboren und dann, oh Wunder, ein drittes, schwächliches. Alles verlief richtig. Giles wußte, was zu tun war. Das Mutterschaf erholte sich rasch. „Nimm das dritte Lamm heim und gib ihm heute die Flasche. Es kann noch nicht trinken, zwei Lämmer sind jetzt genug für die Mutter." Gehorsam nahm Benjamin das warme, kleine Bündel in seine Arme. Wie er so vor Giles stand, murmelte er: „Es war meine Schuld, ganz allein meine Schuld", und wieder kamen die Tränen. „Du hast es nicht wissen können; aber rette jetzt dein Lamm, das hat Jonathan verdient." Stolpernd erreichte der Junge mit seiner Last das Dorf.

Kein einziger Bewohner von Sankt Kilda fehlte bei der Gedächtnisfeier am folgenden Tag. Herr Martin begann damit, den letzten Aufsatz vorzulesen, den Jonathan geschrieben hatte. Das Thema lautete „Meine Zukunft, mein Beruf". Mehrere engbeschriebene Seiten; doch weder von der Zukunft noch von einem Beruf war die Rede. Statt dessen hatte Jonathan von der Insel geschrieben, die er nie verlassen wolle, von seiner Schwester, dem neuen Baby und seinen Freunden. Vor allem aber war der Aufsatz ein Dank an die Eltern und an seinen Lehrer. Der letzte Satz hieß: Sankt Kilda hat nicht genug Erde, vielleicht kann ich etwas erfinden, um mehr gute Erde für die Felder zu schaffen.

Giles und Rona lauschten schweigend. Sie waren wie betäubt, unfähig, etwas zu sagen. Der Pfarrer holte die Skizze hervor, die er vor kurzem von Jonathan gezeichnet hatte, und hob sie hoch, damit alle sie sehen konnten. Ein glücklicher Ausdruck lag auf dem Gesicht des Jungen, der mit seinen großen Augen hellwach auf die Beschauer blickte. „Er bat mich um eine Zeichnung von sich selbst. Wir unterhielten uns dabei über die Sterne. Ich sagte, man könne auch bei Tage die Sterne sehen, wenn man am Fuß eines trockenen Brunnens stünde. Jonathan meinte, es gäbe auf Sankt Kilda tiefe Täler, in die nie die Sonne scheint. Von dort würden die Sterne wohl auch sichtbar sein."

Da stand Hanna auf und rief: „Er hat sie gesehen! Ich habe ihn gefragt, und er hat genickt, ganz deutlich. Er wollte immer Sterne beobachten, und deshalb hatte er den Winter lieb. Er hat mir oft den Mond gezeigt und Jupiter." Der blinde Hektor hob seine volltönende Stimme und sang:

„Wenn ich den Neumond sehe,
Ist es Pflicht die Rune zu sprechen,
Ist es Pflicht den Herrn des Lebens zu loben
Für seine Freundlichkeit und Güte.

Manchen Menschen sah ich schreiten
Über den schwarzen Strom des Abgrunds,
Seit Dein Antlitz zuletzt auf uns schien,
Du neuer Mond des Himmels."

Die Gemeinde stimmte in den zweiten Vers mit ein. Danach sprach Hektor von den Besuchen Jonathans. „Er wollte die Lieder aufschreiben, die nur ich kenne. Über die letzten Monate hin hat er ein dickes Heft mit ihnen gefüllt. Er wollte, daß sie richtig gedruckt werden. ‚Das muß jemand anderes tun, jemand, der aufs Festland kommt', meinte er. „Ich weiß, wo das Heft ist", sagte Hanna leise. „Er hat mir oft abends daraus vorgelesen. Dann mußte ich nachsprechen:

‚Möge das Licht des Lichtes kommen,
In mein dunkles Herz von Deiner Wohnstatt.
Möge die Weisheit des Geistes kommen
Zu der Tafel meines Herzens von meinem Heiland.

Möge der Frieden des Heiligen Geistes bei mir sein,
Möge der Frieden des Sohnes bei mir sein,
Möge der Frieden des Vaters bei mir sein,
Möge der Friede aller Frieden bei mir sein,
Bis zur letzten Nacht meines Lebens.'"

„Diesen Wunsch, die alten Verse zu drucken, können wir wohl erfüllen", meinte der Pfarrer, „auf gälisch und auf englisch, damit sie nicht verlorengehen."

Alle warteten stumm auf den nächsten Beitrag, bis schließlich ein Junge aufstand und sagte: „Vorgestern hat Jonathan mir sein Messer versprochen, wenn er es nicht mehr brauche." Hanna warf ein: „Mir sagte er, ich solle auf seine kostbaren Bücher aufpassen, damit unser nächstes Baby sie später lesen kann."

Frau Margaret Mackay erhob sich langsam: „Neulich sagte ich zu Jonathan, seine Hosen würden zu kurz und ich könne ihm neue nähen; aber er lachte nur und meinte, er brauche keine neuen Hosen."

Still sann jeder über das Gehörte nach, versuchte sich zu erinnern, was die letzten Worte gewesen waren, bis Rona sich erhob und beide Hände auf ihren Leib legte. „Jonathan fragte mich, ob er das Kind fühlen dürfe. Er legte sein Ohr und seine Hände hierhin und lauschte. ‚Da sind zwei Herzschläge, ganz deutlich zwei, deine und seine. Du mußt das Baby Michael nennen.' Er wußte, daß es ein Junge wird." Schluchzend setzte sie sich nieder, und Giles legte seinen Arm um ihre Schultern.

Wieder war Hanna es, die die Stille brach. „Als Gott unsere Mutter ausgesucht hat, da hat er die beste gefunden! Das hat Jonathan gesagt. Und das stimmt." Da zog Giles auch seine Tochter an sich und dachte staunend, wie sein Kind gewachsen sei in diesen wenigen Stunden.

Herr Martin O'Martin stand auf: „Es wird klar für uns, daß

Jonathan von seinem frühen Tod wußte oder ahnte, und er wußte auch davon, daß wir immer wiederkommen. Ich will jetzt vorlesen, was er in diesen letzten Monaten zu mir gesagt hat und was ich aufgeschrieben habe. Er war seiner Zeit voraus, die Theologen wissen weniger als er. Vielleicht hat Gott ihn zu sich genommen, um ihn zu retten vor der Klage, er sei ein Ketzer. Hier hatte er die Freiheit, seine eigenen Gedanken zu denken." Giles warf ein: „Aber wie können wir ohne ihn weiterleben? Wir hatten schlimme Zeiten, viele Hungerjahre, in denen unsere Kinder starben; aber mit Jonathan wurde alles anders. Es war so, als ob er andere Kinder zu uns rief. Wir hatten endlich genug Schüler, um einen Lehrer auf Sankt Kilda zu haben. Herr Martin, werden Sie bei uns bleiben?" Giles hatte sehr ernst gesprochen. Alle Augen wendeten sich dem Pfarrer zu. „Ja, hier will ich bleiben, es gibt noch viel zu tun, und jetzt will ich die Gedanken von Jonathan mit euch teilen. Er hat sein Schicksal erfüllt, er hat sein Leben hingegeben für ein Mutterschaf, deren drei Lämmer heute geboren sind. Benjamin ist frei von Schuld. Ich beginne zu ahnen, wie diese Insel blühen und gedeihen kann, wenn jeder von uns so sein Schicksal erfüllt."

Herr Martin las vor, was er während seiner Gespräche mit Jonathan aufgeschrieben hatte. Dann sprach die Gemeinde den Todessegen:

„O Gott, gib mir deine Weisheit,
O Gott, gib mir deine Gnade,
O Gott, gib mir deine Vollkommenheit
Und geleite mich im Angesicht jeder Not.

O Gott, gib mir von deiner Heiligkeit,
O Gott, gib mir Raum in deiner Wohnung,
O Gott, gib mir deinen Anblick
Und deinen Frieden in der Stunde meines Todes."

Still verließen die Trauernden die Kirche und wanderten im Abendrot zurück ins Dorf. Das Mutterschaf graste unbekümmert auf der Wiese, von den drei Lämmern umgeben.

Original-Erzählung

Der Name des Pfarrers Martin O'Martin ist historisch überliefert

Die Schlange

Im Südwesten Schottlands liegt das schöne Ettrick-Tal mit dem klaren Ettrick Water, den sanften Bergen und alten Eichenwäldern; doch Artur MacDonald sehnte sich fort von dem kleinen Hof des Vaters, von den Schafen, die auf der dürftigen Weide grasten, fort vom salzigen Haferbrei und zähen Hammelfleisch. Er wollte Kühe weiden und ein Pferd reiten, ihn lockte Australien. Kaum hatte er das Testament seines Onkels gelesen, bestellte er schon eine Karte nach Sydney und bereitete sich auf die Ausreise vor.

Artur hatte Glück. Er fand mehrere schottische Familien an Bord vor. Die lange Seereise verging wie im Flug in der Gesellschaft der MacAlisters, vor allem im täglichen Umgang mit Naomi, der jüngsten Tochter, einem fröhlichen Mädchen von 18 Jahren mit rotbraunen Locken, heller Haut und blitzenden blauen Augen. Noch ehe das Schiff in Sydney einlief, waren die beiden verlobt. Vater MacAlister kaufte eine Farm nur wenige Meilen von dem Hof Artur MacDonalds entfernt.

Das Geld reichte gerade noch für ein tüchtiges Pferd. Die Kühe waren im Preis der Farm einbegriffen. Die Zukunft sah für Artur rosig aus. Es war zwar harte Arbeit, und der junge Schotte hatte viel zu lernen; doch mietete er sich zwei erfahrene Australier, Joe und Simon, die ihn in die Geheimnisse des neuen Kontinents einweihten.

Im Frühjahr sollte die Hochzeit sein, im Monat Mai, in dem in Australien der Herbst beginnt. Der Pfarrer der kleinen schottischen Gemeinde setzte das Datum fest. Beglückt zeigte Artur seinem Mitarbeiter Joe das Dokument. Dieser meinte nachdenklich: „Bevor du dein Jawort gibst, solltest du den alten Gideon aufsuchen; der schaut in die Sterne und hat uns noch vor jeder Dürre oder Überschwemmung gewarnt. Er ist ehrlich, verlangt nicht zu viel Geld und kann dir prophezeien, ob's mit der Hochzeit klappt."

Nachdenklich hörte Artur zu. Schon immer hatten ihn die Sternbilder fasziniert, wenn er im Winter die Schafe unter dem klaren Himmel Schottlands weidete. Er war unter dem Zeichen des Stiers geboren, Naomi im Erdzeichen der Jungfrau: Sie würden gut zusammenpassen! Es lockte ihn, seine zukünftige Frau besser und tiefer zu verstehen, ihr Horoskop zu lesen. So machte er sich auf, Gideon in der nächsten Stadt zu besuchen.

Er traf einen alten, gebeugten Mann mit warmen, braunen Augen und langen, schmalen Händen vor, dessen Zimmer mit Sternkarten und Büchern angefüllt war und der sich mit Interesse dem jungen Besucher zuwandte. „Es wird wohl etwas länger dauern, ehe ich mit den Berechnungen fertig bin; wollt Ihr später wiederkommen?" – „O nein, wenn ich darf, schaue ich gerne zu, und stören werde ich bestimmt nicht", meinte Artur. Mit raschen Strichen entwarf Gideon eine Skizze, fügte Symbole und Zeichen ein, murmelte vor sich hin und begann zu strahlen. „Es ist eine seltene Freude, das Horoskop einer so reinen und edlen Seele zu zeichnen. Es wird viel Freude und Humor geben. Naomi wird gut für das leibliche Wohl sorgen, aber den Geist nicht hungern lassen. Eure Kinder werden eine warmherzige Mutter haben, und die Tiere werden nicht darben. Nun nennt mir das Datum für die Hochzeit. Damit wird meine Arbeit schnell beendet sein."

Kaum aber hatte Artur das Datum genannt, als der Araber unter seiner dunklen Haut erblaßte. „Der Tag fällt genau mit dem ersten Mondknoten Eurer Braut zusammen. Das ist immer eine Zeit der Krise. Hier aber steht Saturn im Skorpion. Ich sehe hohe Lebensgefahr. Es ist der Tod durch eine Schlange möglich." – „Soll ich das Datum ändern?" fragte Artur mit bebender Stimme. „Im Gegenteil, es ist leichter möglich, Naomi im eigenen Haus an eurer Seite zu schützen, als viele Meilen entfernt." – „Aber was kann ich tun?" rief der Bräutigam verwirrt. „Beten, das ist das erste; alle Schlangennester ausheben, das zweite, und drittens sage ich aus Erfahrung: Die Sterne zwingen nicht, sie machen nur geneigt. Vertraut auf euer gutes Glück." Gideon faltete kurz seine Hände, schloß die Augen und schien kaum wahrzunehmen, wie Artur sein Geld hinschob und hinaus in den hellen Nachmittag stolperte. Kurz entschlossen betrat er eine Kirche, deren Tür offenstand. Es mußte eine katholische Kirche sein, denn es brannten Kerzen, und es duftete nach Weihrauch. Er versuchte zu beten, brachte aber nur ein paar Worte heraus: „Jesus, du hast auch gegen Schlangen und Skorpione kämpfen müssen, behüte meine geliebte Naomi hier in diesem fremden Land."

Dann ritt er auf seinen Hof, wo Joe und Simon seinen Bericht mit Spannung erwarteten. Das Gesicht ihres Herrn verriet nichts Gutes. Artur wiederholte alles, was Gideon gesagt hatte. Einen Augenblick herrschte Schweigen. Dann rief Joe:

„Die Hochzeit muß hier auf diesem Hof gefeiert werden, nicht bei den MacAlisters denn sie haben keine Ahnung von Schlangen. Wir aber lassen keinen Stein ungestört, unter dem sich die Brut verstecken könnte. Verlaß dich auf uns, der Braut soll nichts geschehen, solange ich das Land untersuchen kann, wie es sich gehört." Und Simon stimmte zu.

Es war nicht schwer, die Familie der Braut zu überzeugen. Der Empfang solle auf Arturs Hof stattfinden, der näher an der schottischen Kirche lag und Naomi eine lange Fahrt im Leiterwagen ersparte. Den wahren Grund verriet Artur nicht. Er gab seine volle Zustimmung, daß die Mutter mit ihren anderen Töchtern die Speisen mitbringen würde. Kaum war Naomi mit Artur allein, da flüsterte sie: „Ich habe auch eine Bitte an dich. Wenn wir verheiratet sind, dann will ich, daß wir jeden Tag zusammen beten." Sie sah so jung und unschuldig aus, Artur

küßte sie und antwortete aus voller Seele: „Ja, das wollen wir. Ich wünsche mir, daß wir heute damit beginnen."
Da faltete Naomi ihre Hände wie ein Kind am Abend und sprach den alten Segen des Schutzengels:

„Du Engel Gottes, der du mich behütest,
Im Namen des gütigen Vatergottes,
Du Hirte aus der Herde der Heiligen,
Ziehe um mich den schützenden Kreis.

Halte fern von mir alle Gefahr und Versuchung,
Schütze mich auf dem Meer der Ungerechtigkeit,
In Untiefen, Schnellen und Wirbeln,
Steure du mein Boot immerdar."

Sei eine helle Flamme vor mir,
Sei ein leitender Stern über mir,
Sei ein sanfter Pfad unter mir
Und ein gütiger Hirte im Rücken,
Heute früh, heute Nacht und immerdar."

Artur hatte seine beiden Hände über die Hände seiner Braut gelegt und fühlte tief im Inneren die Kraft ihres Glaubens. Naomi schwieg eine Weile, schaute dann auf und sprach: „Jetzt fühle ich ganz deutlich, daß ich *zwei* Schutzengel habe, deinen und meinen."
Es war eine fröhliche Hochzeit, an der viele Einwanderer aus Schottland teilnahmen, die ihre Musikanten mitgebracht hatten mit Geigen und Dudelsack. Die große Scheune war festlich geschmückt und die Tische mit köstlichen Speisen bedeckt. Joe und Simon hatten noch eine letzte Runde um den Hof gemacht und vergewisserten Artur, er könne beruhigten Herzens feiern. Den ersten Walzer tanzte er mit Naomi. Dann folgten die schottischen Volkstänze, bei denen die Röcke flogen, Jauchzer erschallten und die Paare im Kreis wirbelten.

Es wurde heiß. Naomi meinte, sie wolle frische Luft schöpfen, Artur möge mit ihrer Schwester Judith tanzen, um ihr für die vielen Kuchen zu danken, die sie gebacken hatte. Es war angenehm kühl am Abend. Sie ging das hohe Flußufer, den Damm hinauf, der den Hof vor Fluten schützte und der mit Büschen bewachsen war. Da hörte sie gedämpftes Pferdetrappeln. Zwischen Zweigen hindurch sah sie einen fremden Reiter auf einem hohen, edlen Hengst, der ungewöhnlich stark war und gut gepflegt. Der Reiter stieg ab, führte sein Tier zur Tränke und rieb die nassen Flanken mit einem rauhen Tuch. Als er seinen Lederhut abnahm, sah Naomi eine breite, zackige Narbe, die von seiner rechten Schläfe bis zum Kiefer hinabreichte, schlecht verheilt und häßlich.

Seltsames Mitleid bewegte ihr Herz. Sie füllte eilends einen Krug mit Most. Der Tanz war in vollem Schwung, und niemand beachtete, wie sie geräuschlos zurück zum Fluß ging und den Fremden begrüßte. Erschrocken wich dieser zurück, ergriff die Zügel des Pferdes, als suche er Halt, und starrte sie mit aufgerissenen Augen an, während der Hengst die Nüstern blähte und laut schnaubte.

Naomi rief: „Hier ist frischer Apfelmost als Willkommenstrank! Ich lade Euch zur Hochzeit ein, und für das Pferd gibt es guten Hafer. Ein prächtiges Tier habt Ihr da." Naomi stellte den Krug auf den Boden. Sie sah noch, wie der Reiter seinen Hut aufstülpte, ehe sie zu ihren Gästen zurückkehrte, die alle vor dem offenen Tor standen. Artur eilte ihr entgegen und rief: „Wo warst du nur? Wir machten uns Sorgen um dich?" Lachend antwortete sie: „Ich habe einen Gast begrüßt, wie es sich für die Hausfrau gebührt. Er kam zum Fluß geritten, um sein Pferd zu tränken."

Joe drängte sich vor: „Wie sah der Fremde aus?" fragte er aufgeregt. „Er hatte eine häßliche Narbe im Gesicht", und sie deutete eine Zickzacklinie auf ihrem Gesicht an. Joe rief entsetzt: „Das war die Schlange! Der schlimmste Mörder in Australien! Oh, wir Kindsköpfe! Immer sucht dieser Mann ländliche Hochzeiten auf, um die Braut zu stehlen. Und weil er das schnellste Pferd besitzt, ist er bisher immer den Verfolgern entkommen. Als er selber heiraten wollte, ließ ihn seine eigene Braut am Altar stehen, und seither nimmt er Rache." Artur hatte seine Arme um Naomi geschlungen, als wolle er sie nicht wieder loslassen. Simon aber rief: „Ich reite zur Polizei; wir müssen den Mörder fangen! Es steht eine hohe Belohnung auf seinen Kopf." Während Simon sein Pferd sattelte, erklärte Joe, der Mann verdanke den Namen „Schlange" seiner seltsamen Narbe. Sosehr er die Menschen hasse, so tief sei seine Liebe zu dem Pferd. Wer den Mörder fangen könne, dem solle der Hengst zugesprochen werden. „Oh, Artur!" rief Naomi, „es ist ein herrliches Pferd! Du wirst es besitzen und kein anderer! Mache dich auf die Jagd." – „Nein, die ‚Schlange' könnte zurückkommen, um die Braut zu stehlen, zu vergewaltigen und zu ermorden aus Rache für seine Demütigung. Ich bleibe bei Dir."

Schnell holten die Schotten ihre Pferde und fächerten zur Verfolgung aus. Joe fand den leeren Krug am Fluß und sah frische Spuren, denen er nachreiten konnte. Der Pfarrer kümmerte sich um die Frauen und sprach mit ihnen ein Dankgebet für die Rettung der Braut aus hoher Gefahr. Naomi erzählte ihrem Mann genau, was vorgefallen war.

Der Mörder wurde gefangen. Naomi wurde zum Gericht geladen, um auszusagen. Es hieß, die „Schlange" habe tiefe Reue gezeigt und wolle ihr das Pferd schenken. Zum erstenmal in seinem Leben habe eine Braut ihn zur Hochzeit eingeladen.

Alle Augen ruhten auf der blutjungen Naomi, als sie mit der Hand auf der Bibel schwören mußte, die Wahrheit zu sagen. Sie identifizierte den Angeklagten als den Fremden, dem sie an ihrem Hochzeitstag einen Krug Most gebracht hatte.

„Frau MacDonald, waren Sie allein, als Sie an den Fluß gingen?" fragte der Richter.

„Ja, Hochwürden, ich war allein", antwortete Naomi.

„Angeklagter, was haben Sie gesehen, nachdem Sie das Pferd zur Tränke führten?"

„Ich sah die Braut in ihrem weißen Kleid und mit einem Krug in der Hand. Und hinter ihr standen zwei überlebensgroße, starke Männer."

Ein tiefes Aufatmen ging durch den Gerichtssaal, als der Richter die Frage wiederholte: „Frau MacDonald, sprechen Sie die Wahrheit: Waren Sie allein am Fluß?"

„Jawohl, Hochwürden, allein ging ich an den Fluß, aber ich war doch nicht allein. Meine beiden Schutzengel standen hinter mir."

Das Lösegeld

James Andrew Glover war ein reicher Kaufmann, der in Berwick am Tweed lebte; dessen Segelschiffe alle Meere der Welt befuhren und ihm ein ständig wachsendes Vermögen schenkten. Er war ein besonnener und geduldiger Unternehmer, der gute Löhne zahlte. Er hatte in den großen Hafenstädten der Hanse viele Freunde. Sein Haus stand für Besucher stets offen, solange sie etwas Interessantes zu erzählen hatten, gleich in welcher Sprache: französisch, deutsch oder spanisch.

James Andrew hatte nur einen einzigen Sohn; der war mit einem Herzfehler geboren und mußte geschont werden. Aiden war klug, heiter und dankbar für jede Freundlichkeit, die er empfing, ob sie von einem Diener oder einem fremden Kapitän kam. Sein Vater wachte darüber, daß er von niemandem verwöhnt oder gar bestochen werden konnte, wie es bei seinem Einfluß leicht möglich war.

Aiden besaß eine Weltkarte, darauf zeichnete er die Fahrten der Handelsschiffe ein, notierte die Daten der Abfahrt und Heimkehr, den Namen des Kapitäns und welche Waren gehandelt wurden. Er legte eine Sammlung von Kuriositäten an, die ständig wuchs, weil die Gäste im Hause seines Vaters dem aufgeweckten Burschen gerne etwas mitbrachten: Marzipan aus Lübeck, Edelsteine aus Brasilien, ein ausgestopftes Krokodil aus Afrika und Federschmuck von den Indianern.

James Andrew gründete eine kleine Schule, zu der er ein Dutzend Jungen einlud, die alle ganz verschiedene Begabungen hatten, so daß Aiden von jedem etwas lernen konnte und keiner in seinen Fähigkeiten über die anderen herausragte oder den Ehrgeiz entwickeln konnte, der Beste zu sein. Der Vater wußte, wie grausam Kinder sein können. So wählte er gutmütige Jungen aus, die frei von Spott waren; aber auch ohne Schmeichelei oder

Unterwürfigkeit. Er ließ die besten Lehrer kommen, darunter Künstler und Musiker, vor allem aber Sprachkundige aus fremden Ländern.

Zur Eröffnung der Schule kamen die Jungen mit ihren Eltern aus Melrose, Elgin, Dumfries, Ayr, Perth, Stirling, Kirkwall, Stornoway und anderen kleinen Städten. Jeder trug einen andersfarbigen Kilt, wie es den Sippen entsprach. Wehe aber, wenn einer zu prahlen begann, sein Clan sei der beste!

Wegen der Gesundheit seines Sohnes hatte der Kaufmann einen Garten anlegen lassen. Wenn das Wetter gut war, spielte sich der Unterricht im Freien ab, wo es die Namen der Blumen und Bäume zu lernen gab. Jeder Bub hatte ein eigenes Beet zu bebauen. Manche fremden Samen von Übersee konnten gesät werden, die im milden Klima der Borders auch gediehen. Draußen lernten die Jungen mit Wasserfarben malen. Auf Ausflügen zeichneten sie die Eildon Hills, Sankt Abbs oder den Hafen von Eyemouth. Am Ende jeden Semesters führten die Kinder historische Stücke auf, anfangs in Englisch, später in anderen Sprachen. Dazu lud man die Brüder und Schwestern ein. So lernte Aiden auch seine spätere Frau kennen, die hübsche Maria Margaret aus Montrose, ein herzensgutes Mädchen, das einen köstlichen Humor besaß und für Aiden die beste Medizin war.

Zur Hochzeit ließ James Andrew zwischen Tweed und Teviot ein Haus ganz nach den Angaben des Brautpaares bauen. Die Dienerschaft erhielt eine große, helle Küche mit eigenem Vorplatz, so daß viele Arbeiten draußen getan werden konnten. Die tüchtigsten jungen Mädchen der Umgebung wetteiferten miteinander, um dort in Stellung zu gehen; denn die Herrin verbreitete Frohsinn und lobte lieber, als daß sie tadelte.

Aiden erhielt eine Bibliothek, wo auch die Kuriositäten aufgestellt waren. Die Schlafzimmer hatten weite Balkons zum Sonnen, eine Neuheit in Schottland. Es gab auch eine lichterfüllte Kapelle mit einem Glockenturm, wo an Sonn- und Festtagen für alle Bewohner und Nachbarn eigene, kurze Gottesdienste gehalten werden konnten.

Auf der Familie lag reicher Segen. Es kamen drei gesunde Buben und zwei Mädchen zur Welt, die Haus und Garten mit ihren Spielen füllten.

Nun hätte Aiden von dem Vermögen des Vaters bequem leben können. Er fühlte sich aber kräftig genug, eine Idee in die Tat umzusetzen: Er liebte es, mit Leder zu arbeiten. In der Umgebung lagen Gerbereien, die nicht nur einheimische Felle verarbeiteten, sondern auch importierten. Aiden gründete eine Handschuhfabrik. Die Leute schüttelten den Kopf. Bisher hatte man Handschuhe nach Maß hergestellt, die recht teuer waren. Man spottete über die Idee, etwas so Individuelles wie einen Handschuh in einer Fabrik herzustellen.

Aiden hatte seit seiner Kindheit gerne die Hände seiner Mitmenschen studiert. Er unterschied vier typische Formen: die zarte, feingliedrige Hand, die gepolsterte, kurzfingrige Hand, die knochige, lange und die muskulöse, breite Arbeiterhand. Er ließ hölzerne Modelle schnitzen und experimentierte mit verschiedenem Leder, weichem Ziegenleder für Frauen, festem Kalbsleder für Männer.

Die Fabrik brachte Arbeit und Wohlstand. Die Handschuhe wurden bis nach London und Übersee exportiert. Nachdem eine Technik zum Färben des Leders erfunden worden war, wollten sogar die Pariser die Handschuhe tragen. Je mehr die Fabrik blühte, um so besser wurde Aidens Gesundheit.

Der siebte Geburtstag des Ältesten nahte. Georg hatte Interesse an den Arbeitern gezeigt, und Aiden fragte, ob er eine Idee für deren Wohlbefinden habe, die der Vater erfüllen könne, anstatt für sich selber etwas zu wünschen. Georg schlug vor, an seinem Geburtstag jedem Arbeiter einen Schilling extra zu geben. Es wurde gewährt, und Georg stand am Tor und reichte persönlich jedem sein Geld. Das war eine Überraschung! In einigen Familien bedeutete es mehrere Schillinge. Der Tag fiel in den Dezember, und damit kam das Geld rechtzeitig vor Weihnachten.

Die Sitte blieb bestehen und kostete den Vater allerhand, er war aber stolz auf den Sohn. Andrew hatte im Sommer Geburtstag. Er bat darum, den Arbeitern einen Feiertag zu schenken, an dem sie mit ihren Frauen und Kindern zu einem Picknick fahren durften. Viele Leiterwagen wurden bereitgestellt, Proviant aufgeladen, und der Ausflug war bald der Höhepunkt jeden Jahres. Manche sahen zum erstenmal das Meer!

Philip hatte andere Ideen im Kopf. Er war ein rechter Schlingel und geriet oft in heikle Situationen, aus denen sein Witz ihn meist rettete. Sein Wunsch war es, zu seinem siebenten Geburtstag einen Zirkus einzuladen. Es kamen Jongleure, Clowns, Zauberer und ein Karussell, Kunstreiter und dressierte Hunde. Die Fabrik wurde am Nachmittag geschlossen, es gab heiße Würste, gebrannte Mandeln, große Kannen mit Tee und Brötchen. Die Kinder durften eierlaufen, sackhüpfen und tauziehen. Den Abschluß bildete ein Kasperletheater. Philip war hoch zufrieden mit dem Herbstfest. Er war bei allen Kindern beliebt.

Nun kamen die Mädchen dran. Martha, war ein stilles Kind, das oft am Fenster stand und beobachtete, wie die Leute frühmorgens zum Tor kamen. Ihr Geburtstag lag im Januar, wenn es kalt und verschneit war und die Arbeiter froren. „Vater, ich wünsche mir, daß jeden Morgen große Kannen mit heißem Tee bereitstehen, dazu Milch und Zucker und ein warmes Brötchen für jeden, der in unserer Fabrik arbeitet." Der Vater war erstaunt, hielt er sich doch für den aufgeklärtesten Arbeitgeber seiner Zeit; doch hatte er nie daran gedacht, ein Frühstück zu liefern, obwohl manche Leute weite Wege zurücklegen mußten. Er bestellte Kisten mit Tee und Rohrzucker von seinem Vater, und ein Bergbauer lieferte täglich frische Milch, was dessen Einkommen hob. Der Verwalter schüttelte den Kopf, gestand aber nach einigen Wochen, die Qualität der Arbeit sei gestiegen.

Es würden frühmorgens nicht so viele Stücke verpfuscht, weil die Arbeiter warme Hände hätten. Die verlorene Zeit würde auch schnell aufgeholt.

Die Mutter war begeistert von dem Wunsch ihrer Tochter. Jetzt war nur noch Angela übrig. Es fehlte nicht an Ratschlägen der älteren Geschwister. Angela lächelte geheimnisvoll, sie verriet nur, ihre Idee sei die beste von allen. Angela hielt sich gerne in der gemütlichen Küche auf und schaute zu, wie die Köchin Pasteten und Kuchen herstellte, wo das Wild gebraten wurde und manch ein Leckerbissen zu haben war.

Die Köchin brachte manchmal ihr Enkelkind Polly mit, ein dünnes, blasses Kind mit traurigen Augen. Seine Mutter arbeitete in der Fabrik und ließ Polly oft den ganzen Tag allein. Das Kind war fast stumm, es hatte nie eine Puppe besessen und ahnte nicht, was richtiges Spielen bedeutet. Angela schenkte ihr eine Stoffpuppe, sprach mit ihr und lockte endlich ein Lächeln hervor und den Satz: „Küche ist Paradies." Und da entwickelte sich die Idee, eine Küche nur für Kinder zu bauen mit Platz zum Spielen und besonders netten Frauen zur Betreuung.

Das war ein Staunen bei allen Leuten! Großvater James Andrew Glover gab das Geld, ein richtiges Kinderhaus zu bauen, wo kleine Kinder sogar mittags schlafen konnten und es für alle Buben und Mädel warmes Essen gab. Durch eigene Arbeit entstand allmählich ein Garten rundherum. Unter den Frauen bestand kein Zweifel, dieses Kinderheim war der größte Segen für alle Arbeiterfamilien.

Während die Handschuhfabrik mehr und mehr Gewinn einbrachte und die Familie blühte, braute sich im Borderland ein Unwetter zusammen, welches das Idyll zu zerstören drohte. Banden scharten sich in den Eichenwäldern zusammen. Sie raubten den Bauern die Kühe vom Feld, stahlen Schafe und überfielen Reisende. Englische und schottische Sippen führten einen inoffiziellen Krieg gegeneinander. Die Straßen wurden unsicher, und der Handel litt. Die Räuber nannten sich Reivers und waren noch stolz auf ihre Schandtaten. Aiden mußte seine Waren von Bewaffneten begleiten lassen. Das kostete mehr als alle Wünsche seiner Kinder.

Unter den Arbeitern herrschte Loyalität. Sie berichteten aber von Überfällen. Reife Felder wurden zertrampelt, Vieh gestohlen, und sinnlose Zerstörung verursachte schlimmes Leid und Armut. Die alten Türme, genannt Peels Tower, dienten den Banden als Unterschlupf, gegen die keiner ankommen konnte, so gut waren sie befestigt. Frauen wurden gezwungen, dort zu kochen und den Räubern ohne Lohn zu dienen.

Nun wählte Aiden sich unter den Lehrlingen jedes Jahr einen Diener aus, der ständig um ihn war. In diesem Januar hatte er Derek ausgesucht, einen schlagfertigen Burschen, der echten Humor besaß, geschickt im Sport war und bald den drei Söhnen besonders lieb wurde. Derek hatte rote Haare, eine Stubsnase und die Gabe, jeden Dialekt nachahmen zu können. Er wußte immer etwas zu erzählen. Seine Liebe galt den Brieftauben, die er treu versorgte und mit denen er manche Botschaften schickte. „Die Pflaumen in Melrose sind reif", hieß es. In Melrose liegen nämlich die Obstgärten der Mönche. „In der Schwarzdornhecke ist ein Vogelnest." Statt seines Namens zeichnete Derek sein rundes Gesicht mit Sommersprossen. Die Kinder liebten das Spiel. Auch Aiden schätzte ihn hoch wegen seiner Klugheit.

Das Herbstfest brachte diesmal mehr Teilnehmer denn je. Außer den Clowns und Jongleuren kamen drei bunt verkleidete Männer mit bemalten Gesichtern und großen Perücken, die ein neues Wettrennen organisierten. Die Kinder mußten durch Röhren kriechen, dann zu einer Hecke laufen, hinter der sie sich so schnell wie möglich verkleiden sollten, um dann mit Hut und Schal und Handschuhen versehen einen Löffel zu balancieren, auf dem ein Ei lag.

Die Söhne des Hauses nahmen an allem teil. Derek sorgte dafür, daß sie beieinander blieben, auch bei diesem Wettlauf. Sie starteten gleichzeitig. Der kleine Philip rutschte am schnellsten durch die Röhren, die anderen holten ihn im Laufen ein. Sie verschwanden gleichzeitig hinter der Hecke. Nun dauerte das Verkleiden immer einige Minuten. Derek aber wurde unruhig. Es schien unnatürlich lange. Deshalb lief er zur Hecke hin. Dort sah er gerade noch den letzten der Männer mit dem heftig strampelnden Georg über die Mauer verschwinden. Er war geknebelt!

Sofort rannte Derek zum Tor und schlug Alarm. Der Wächter hatte nichts bemerkt, schickte trotzdem sofort einen Burschen zu den Pferden, während Derek seinen Herrn benachrichtigte. Das Fest endete jäh. Die Männer fächerten zum Suchen aus und fanden eine Perücke am Ufer des Tweed. Dort nahmen Reiter die Verfolgung auf, konnten aber in den dichten Wäldern keine weiteren Spuren entdecken. Es gab zu viele Verstecke. Man hätte einer Armee bedurft, um die Kinder aus einem der Räubernester zu befreien.

Die Schwestern waren völlig verstört, die Eltern tief beunruhigt. Derek machte sich bittere Vorwürfe, die Jungen aus den Augen gelassen zu haben. Dann traf ein Drohbrief ein: Falls nicht in drei Tagen ein Sack mit 1000 Talern an einem Kreuzweg in den Cheviot Bergen abgeliefert würde, wäre der Tod der Erben gewiß. Dazu kam eine Warnung, weder Soldaten noch Polizisten von dem Ort Nachricht zu geben.

Aiden war einerseits erleichtert; doch wie sollte er das Geld in so kurzer Zeit aufbringen? Unerwartete Hilfe kam von Nachbarn und Freunden. Der alte James Andrew schickte einen hohen Betrag. Ein Sack wurde gefüllt. Aiden ließ einen Rat einberufen, an dem der Pfarrer, der Lehrer, der Verwalter und alle Vorarbeiter teilnahmen, um Pläne für die Rettung zu schmieden. Wilde Vorschläge wechselten mit kühlen Überlegungen ab.

Alle Teilnehmer aber zeigten ihren Willen, den Kindern zuliebe Opfer zu bringen.

Derek hatte kaum schlafen können. Er war im Morgengrauen auf den Kirchturm gestiegen und hatte Ausschau gehalten. Im Nebel sah er einen Reiter mit Maske auftauchen, den Drohbrief an die Pforte heften und in Richtung Tweed verschwinden. Derek eilte zum Stall, sattelte sein Pferd und ritt den Spuren nach. Der Nebel verschluckte alle Geräusche. Nur ein Aufplatschen war vernehmbar, und Derek folgte dem Laut. Vorsichtig lenkte er sein Pferd ins Wasser und bemerkte am anderen Ufer die nassen Huftritte, denen er in Richtung Süden folgte. Bald nahm ihn der Wald auf, wo es unheimlich still war. Ob andere Verschwörer hier versteckt waren? Derek band sein Pferd etwas abseits von der Spur fest und schlich zu Fuß weiter. Bald hörte er Stimmen. Der Bote war in Empfang genommen worden, und die Männer redeten unbekümmert. „Kein Mensch hat mich kommen sehen! Die im Herrenhaus haben einen tiefen Schlaf!" prahlte der Bote. Die Gruppe verschwand unter Lachen weiter nach Süden.

Um seinen Weg zurückzufinden, kerbte Derek Zeichen in die Bäume. Schließlich kam er zu einem Kreuzweg, der von besonders hohen Bäumen markiert war, gut zum Klettern geeignet. Im Westen lag ein Steinbruch, der aber fast zugewachsen war und ein ideales Versteck bildete. Derek begann, Pläne zu schmieden, während er zu seinem Pferd eilte, um rasch heimzureiten.

Unangemeldet platzte er in die Beratung und gab einen Bericht. Man zeigte ihm den Drohbrief. Derek konnte die Lage des Kreuzweges genau beschreiben. Aiden dankte ihm und versprach, spätere Pläne mit ihm zu besprechen; doch erst solle er in die Küche gehen, um zu frühstücken und schlafen zu gehen. Der Lehrer hatte inzwischen davon gesprochen, wie die älteren Schüler darum gebeten hätten, bei der Befreiung zu helfen. „Es sind besonnene Burschen, und ein Kind kann sich leichter verstecken als erwachsene Männer. Der Steinbruch mag dazu dienen." – „Das hängt von den Eltern ab. Ich selber traue den Jungen zu, bei der Rettung eine Rolle zu spielen. Wir haben einen Ballen grünes Tuch, daraus können Umhänge geschnitten werden, in denen sie im Wald gut verborgen sind. Ich selber darf nicht dabeisein, der Arzt läßt es nicht zu." Aiden Glover schaute zu seinem Arzt. Dieser nickte: „Der Pfarrer ist einer Meinung mit mir. Ihre Aufgabe ist das Beten."

Derek meldete sich gut ausgeschlafen bei seinem Herrn und schlug vor, sich dem Versteck der Räuber von Süden zu nähern, um spionieren zu können. Er ließ sich das Gesicht von der Köchin bräunlich färben, eine alte Wollmütze verbarg das rote Haar, zerlumpte Hosen und ein Bettelsack vervollständigten die Verkleidung. Frau Glover packte Proviant ein und gab ihm zwei Brieftauben.

„Du bist unsere Hoffnung, Derek, lasse uns Nachricht zukommen, wenn du irgend etwas erfährst. Versuche mit einem englischen Dialekt zu reden, wenn dich jemand trifft und ausfragt. Möge dein Engel dich begleiten."

Derek hatte die Satteltaschen gefüllt, eine Wolldecke und Futter für das Pferd waren eingepackt. So ritt er in der Dämmerung nach Westen, um später südlich abzubiegen. Gegen den roten Abendhimmel sah er die Konturen eines Turmes. Er ließ ihn links liegen, schlug dann einen Bogen und ritt vorsichtig von Süden in den dichten Wald, wo er eine verlassene Köhlerhütte fand. Dort verbarg er sein Pferd und den Rucksack, um sich ungehindert dem Turm nähern zu können.

Er sprang über einen Bach und kletterte eine Böschung hoch. Kaum hatte er seinen Kopf durch das Laub gesteckt, erschrak er; denn der Turm ragte in kurzer Entfernung vor ihm auf. Deutlich war der Wächter zu sehen, der aber nach Norden schaute und nichts bemerkt hatte. Derek schlich sich durch das

Gebüsch zurück, bis er auf einen Fußpfad stieß. Noch war es hell genug, vielleicht konnte er es wagen, offen diesen Weg zum Turm zu gehen. Schließlich lag kein Verdacht gegen ihn vor. Während er noch überlegte, entdeckte er Haselnüsse an den Büschen. Er pflückte so viele, wie er in seinen Taschen tragen konnte. Dann machte er sich auf, die Räuber in ihrer Höhle aufzusuchen. Kaum hatte er das Dickicht verlassen, rief ihn der Wächter an. „Wer da? Halt an und sage deinen Namen." – „Ich bin Willy Whitehead aus Carlisle und such' ein Nachtlager." – „Wir haben keinen Platz für dich! Geh weiter!" Derek flehte: „Kann ich wenigstens in der Nähe bleiben? Ich habe Angst vor den Schotten." Da lachte der Wächter und rief: „Und warum bist du dann hierher gelaufen?" – „Ich habe den Weg verloren und bin hungrig. Als ich den Turm sah, da dachte ich, es gibt dort Essen und ein Bett. Ich schenke euch auch alle meine Haselnüsse oder tausche sie gegen Brot." Gutmütig erwiderte der Mann von oben: „Klopfe bei der Küche an, die alte Hexe macht vielleicht den Tausch. Dann aber verschwinde, wenn dir dein Leben lieb ist."

Derek ging um den Turm herum und fand ein vergittertes Fenster, aus dem köstliche Düfte strömten. „Hallo? Ist jemand da?" rief er. Er erblickte eine alte Frau, der er die Nüsse reichte. „Was soll ich mit Nüssen? Meine Zähne sind zu alt dafür … aber wir haben junge Münder zu füttern, also gib schon her." Derek aber verlangte ein Stück Brot als Gegengabe. Er schmeichelte der Köchin, die solche herrlichen Düfte zaubern konnte, und siehe da, die Alte gab ihm Brot und Rindfleisch. Dann flüsterte sie: „Mach dich davon! Morgen ist hier der Teufel los." – „Danke, ich werd's nicht vergessen." Derek verschwand, woher er gekommen war und eilte zurück zu seinem Pferd.

In der Nacht stieg der Mond auf und weckte ihn. Er nahm eine der Brieftauben und schlich wieder zum Turm, wo jetzt ein anderer Wächter stand und nach Norden spähte. Die Morgennebel stiegen auf. Derek wagte es, sich eng an die Mauer zu halten, bis er in den Büschen ein Versteck dort fand, wo hoch über ihm der Wächter seinen Posten hatte. Ein Rohr für Regenwasser lief am Turm herunter. Plötzlich hörte er darin Stimmen von oben. Es war die Ablösung.

„Du glaubst doch nicht, daß ich das Geld mit den Dummköpfen da unten teile? Harry und Tom bringen den Sack hierher, und wir schicken sie mit den drei Bengeln zurück zum Kreuzweg. Dann sagen wir den drei Axtträgern, sie sollen sich im Steinbruch verstecken. Sowie die Kinder am Baum festgebunden sind und Tom mit Harry fort ist, dürfen sie tun, was sie wollen mit den Herrensöhnchen und den Leuten, die sie abholen. Wir haben unser Versprechen gehalten."

„Aber was ist mit uns? Wir kriegen den Sheriff auf den Hals."

„Verlaß dich auf mich, Mortimer den Meisterdieb. Sowie das Geld in unseren Händen ist, fliehen wir nach Little Corby zu meinem Haus. In dem kleinen Nest sucht uns niemand. Da ist schon ein Schatz versteckt, den der Teufel persönlich kaum entdecken kann. Wir kaufen uns vornehme Kleider, eröffnen ein Geschäft und werden ehrbare Bürger." – „Du bist mein bester Freund, Mortimer!" – „Du hast mich vor dem Galgen gerettet, Dick. Weil es nach diesem Abenteuer für uns hier zu brenzlich wird, machen wir uns nach England auf. Es lebe die Freiheit! Dies ist deine letzte Wache, Dick. Wecke mich, wenn das Geld da ist!" Die Stimmen verstummten.

Derek kroch zurück, schrieb das Wichtigste auf einen Zettel, band die Botschaft an den Fuß der Brieftaube und schickte sie nach Norden. Er selber ging auf Umwegen so nahe an den Kreuzweg, wie es möglich war. Dort stand ein sehr hoher Baum mit dichtem Laub. Er schnitt Kerben in den Stamm, rieb die Stellen mit Erde ein und kletterte hinauf. Die breiten Äste boten ihm Schutz. Mit viel Geschick bereitete er ein Guckloch nach unten vor. Der Weg von Norden war ziemlich breit, der andere von Westen nach Osten aber nur ein Trampelpfad für Köhler und Holzfäller. Auf der entgegengesetzten Seite vom Steinbruch wuchs dichtes Unterholz, ein ideales Versteck.

Wieder nahm er Papier und zeichnete den Plan auf. Die Männer mit Äxten waren am gefährlichsten! Es war keine Zeit zu verlieren, Herr Glover mußte gewarnt werden! So schickte er die zweite Taube los.

Zu Hause war große Geschäftigkeit. Der Sack mit dem Lösegeld stand bereit. Für die Kinder waren Umhänge zugeschnitten worden, die einen Schlitz für den Kopf hatten, und jeder kriegte einen Knüppel als Waffe. Der Großvater versprach, einen Trupp Matrosen aus dem Westen zu schicken, die nach der Befreiung der Kinder das Räubernest ausheben sollten. Sie waren bewaffnet. Ein Vertrauensmann begleitete die Schar.

Plötzlich traf bei dem Herrenhaus die Brieftaube ein, und sofort wurde die Botschaft gelesen. „Wir dürfen keinesfalls die Kinder im Steinbruch verstecken, sie müssen sich von der anderen Seite nähern. Unsere besten Männer müssen sie decken, am besten Bogenschützen. Aber nach Little Corby soll der Verwalter mit einem kleinen Trupp Bewaffneter reiten, um Mortimer abzufangen", befahl Aiden. Es war höchste Eile geboten, wenn sie dort rechtzeitig im Hinterhalt liegen wollten, ehe die Diebe eintrafen.

Kaum waren alle Vorbereitungen beendet, traf die zweite Taube ein. Der Brief beschrieb das Dickicht, in dem die Kinder sich verbergen konnten. Der Lehrer hatte Fesseln dabei, und allen wurde eingeschärft, daß diese Räuber gefangen und nicht getötet werden sollten. Schweigend machten sich alle auf den Weg. Aiden ließ seine Kutsche bereitstellen, um später zu folgen.

Das Warten begann. Derek hockte hoch im Baum. In seiner Tasche trug er ein paar Steine. Gesicht und Hände waren dunkel verschmiert, ein breiter Ast erlaubte ihm, bequem zu sitzen. Er sah zwei Boten mit dem Sack Lösegeld auftauchen und verschwinden. Er hörte die Stimmen von Tom und Harry, sah sie nach Süden eilen, sobald sie den Sack ergriffen hatten. Aus dem Hintergrund tauchten die Männer mit ihren Äxten auf und versteckten sich im Steinbruch, in den Derek von seinem hohen Posten hineinschauen konnte. Er lauschte gespannt. Es war ja nicht weit zu dem Turm, wo die Buben gefangen waren, und sie sollten bald erscheinen. Sein Herz ging zu diesen Kindern hin ...

Die Zeit im Gefängnis hatte sich endlos hingestreckt. In der Jugend kann eine Stunde wie eine Ewigkeit sein, und die drei Herrensöhne waren an ein reiches und erfülltes Leben mit Eltern, Freunden und Nachbarn gewöhnt. Der Turm war ein öder Ort, ohne Spielzeug oder Bücher, ja fast ohne menschliche Stimmen. Das Essen wurde ihnen lieblos hingestellt, und niemand erklärte ihnen, warum sie gefangen wurden und was geschehen würde. Sie rätselten herum, kamen aber zu keinem Schluß. Georg tröstete seine Brüder und sagte, der Vater würde bestimmt ein Lösegeld zahlen; aber wie lange es dauern könne, ahnte er nicht. Es lagen Kieselsteine in dem dunklen Hof, wo sie einmal am Tag herumlaufen durften. Andrew sammelte einige davon und erfand Spiele damit. Philip war unglücklich darüber, daß gerade *sein* Geburtstag Anlaß zur Entführung gewesen war; aber daran war jetzt nichts zu ändern.

Plötzlich wurde ihr Gefängnis aufgeschlossen. Man band ihre Hände hinten zusammen und befahl ihnen, eng beieinander nach Norden zu marschieren. So gelangten sie an den Kreuzweg, wo die beiden Begleiter Tom und Harry sie an einen Baum fesselten. Der eine hob sein Messer hoch und drohte: „Wenn ihr anfangt zu schreien, stecke ich euch Knebel in den Mund." Die Buben erinnerten sich an den gräßlichen Geschmack und gehorchten. Noch fuchtelte der Kerl mit dem langen Messer, als ein Stein seine Hand traf und er es fallen ließ. Alle schauten nach oben, wo aber nichts als dichtes Laub zu sehen war. Ein zweiter Stein traf den anderen im Nacken. Er schrie auf. Zwei weitere, wohlgezielte Wurfgeschosse trafen Tom und Harry, die sich verstört umschauten.

Jetzt geschah alles sehr schnell. Aus dem dichten Unterholz stürzten viele grüngekleidete Kinder hervor. Von oben rutschte Derek am Baumstamm hinunter, und vom Steinbruch her hörte man laute Schreie: Die Bogenschützen hatten die ahnungslosen Männer im Steinbruch überwältigt, gefesselt und zum Kreuzweg gezerrt.

Nichts ist verwirrender für Erwachsene als eine große Zahl feindlicher Kinder! Diese Zwerge hängten sich an die Arme und Beine von Tom und Harry, versperrten den Fluchtweg, schrien lauthals, bis der Lehrer die Fesseln anlegen konnte. Andere Buben befreiten die drei Söhne, banden sie von den Bäumen los und führten einen Freudentanz auf. Derek umarmte die drei und rief: „Eure Eltern warten mit der Kutsche am Waldrand! Vorher aber habe ich etwas zu sagen!" Der Tumult legte sich. „Tom und Harry, ihr seid doppelt betrogen! Mortimer ist längst mit dem Lösegeld in England, und ihr geht leer aus!" Die Opfer rissen voller Wut an den Fesseln, was ihnen nichts nützte. Sie mußten nach Norden mit.

Jetzt gab es kein Halten mehr. Georg, Andrew und Philip liefen voran, die Kinder hinterher. Schon kam ihnen der Vater entgegen und schloß sie in die Arme. Die Mutter stand mit warmen Mänteln bei der Kutsche. Sie herzte und küßte die Befreiten, und Derek berichtete, wie alles ohne Blutvergießen zu einem guten Ende gekommen war. „Wir müssen jetzt zum Turm reiten, um die alte Köchin zu befreien", sagte er. Die Söhne riefen: „Sie war gut zu uns! Bringt sie doch mit nach Hause." Aiden nickte und bestieg mit der Familie die Kutsche. Alle anderen folgten zu Fuß unter lautem Singen der grüngekleideten Jungen.

Derek fand die Alte allein. Mortimer war mit dem Kumpan

geflohen. Er lud sie auf sein Pferd und gelangte rechtzeitig an, um den Triumph im Dorf zu erleben. Die Straße war von jubelnden Menschen gesäumt, die Söhne winkten aus der Kutsche. Man warf ihnen Blumen zu. Die Gefangenen ernteten Spott. Sie wurden in eine Scheune eingeschlossen und gut bewacht.

Im Herrenhaus wartete ein Festmahl für alle, die so tapfer an dem Abenteuer beteiligt gewesen waren. Jeder wollte erzählen, wie unheimlich der Wald schien, wie leise sie geschlichen seien und wie sie die zwei Räuber eigenhändig gefangen hätten. Staunend blickte die alte Frau sich in der Küche um: Wie hell war es hier gegen den Turm!

Es folgte eine stille Stunde, nachdem die Kinder eine Belohnung erhalten hatten und nun müde nach Hause gingen. Aiden und Margaret saßen eng beieinander mit den Söhnen am Kamin und durchlebten die vergangenen Schrecken noch einmal zusammen: den Raub von der Festwiese, die Knebel im Mund, die Fesseln, die Drohungen, den engen, dunklen Turm, das harte Lager und die Angst.

Philip durfte zuerst sprechen. Deutlich waren die Spuren der Not auf seinem Gesicht zu lesen. „Das war mein schlimmster Geburtstag! Alles ging so plötzlich. Wir konnten nicht schreien. Die Fesseln taten weh, und die Knebel schmeckten scheußlich. Wir sind durch Wasser geritten; aber wir konnten ja nichts sehen. Der Turm war dunkel. Es gab nur ein Fenster hoch oben. In der Nacht konnten wir die Sterne sehen, und die Sterne sind gewandert. Das hat mich getröstet, und ich dachte, hier zu Hause scheinen die gleichen Sterne. Wenn ich bete, dann tragen sie vielleicht die Worte zum lieben Gott ..."

Die Mutter nahm ihn auf den Schoß und wiegte ihn, als sei er noch klein.

Andrew meinte nachdenklich, er hätte im Gefängnis angefangen, in sich hineinzublicken, weil es absolut nichts im Turm gab, nur Bündel von Stroh zum Schlafen, kein Tisch, kein Stuhl war da, und der Boden war kalt. Aber die Köchin habe sie jeden Tag kurz auf den Hof gelassen, wenn die Männer fort waren. Auch auf dem Hof gab es nichts als Kieselsteine. Die habe er gesammelt. „Jeder Stein ist anders, das habe ich vorher nicht gewußt. Es gab weiße, glänzende Kiesel dazwischen, und wir haben Spiele erfunden. Drinnen im Turm war es so dunkel; aber uns wurde jeder Stein wichtig, ob groß oder klein."

„Ich war nur froh, daß wir zusammen waren", sagte Georg. „Es wäre schrecklich, allein in solchem Loch zu sitzen. Wir konnten sprechen, wir haben sogar gesungen, und ich habe versucht, mich an Gedichte zu erinnern. Für mich waren die Knebel das ärgste: nicht sprechen zu können!"

„Ohne euch war das Haus ganz leer. Niemand wagte es, laut zu reden. Beim Essen dachte ich immer, vielleicht müßt ihr hungern, und dann hat mir nichts geschmeckt", fügte Angela hinzu.

„Gehungert haben wir nicht; aber so ein Mahl wie eben in der Küche, ach, das gab es nicht. Nur Rindfleisch und Brot, das Fleisch war natürlich gestohlen ..." Andrew schüttelte sich.

„Und was habt ihr getrunken?" fragte die praktische Martha.

„Wasser, nur Wasser; aber es war frisch. Wir hatten einen Krug, der bei jeder Mahlzeit gefüllt wurde." Die Mutter bemerkte mit Erstaunen, wie dankbar ihre Kinder schienen, noch hatten sie über die Räuber nicht gescholten. Der Älteste sagte: „Ich will nicht, daß Tom oder Harry gehängt werden. Sie mußten alles tun, was der Anführer befahl. Sie haben uns nie geschlagen. Wenn der Mortimer weg war, ließen sie uns auch in den Hof."

Georg dachte nach. „Kann die Strafe nicht so sein, daß sie später wieder richtig frei werden und arbeiten können?" Aiden war bewegt und antwortete: „Die Strafe bestimmt der Sheriff; aber ihr drei könnt an ihn schreiben." „Im Hof haben wir die Sonne gesehen", fügte Philip träumerisch hinzu.

Es ist ein weiter Ritt vom Tweed über die Pennines nach Little

Corby, doch die Pferde waren frisch, die Nacht war klar, und der Trupp kam gut voran. Das kleine Dorf hatte nur wenige Häuser. Eine Ruine, von der aus die Straße zu übersehen war, bot Schutz. Mortimer und sein Geselle ritten mit dem Geldsack unbekümmert auf eine kleine Hütte zu, wo sie die Tür aufschlossen und im Inneren verschwanden. Geräuschlos schlichen die Soldaten sich heran. Ein Licht wurde drinnen angezündet. Deutlich sah man Mortimer, wie er den alten Herd vorzog und eine eiserne Kiste hervorholte, die offenbar sehr schwer war. Der Moment, in dem der Dieb die Schatzkiste öffnete, war es, der seiner Freiheit ein Ende bereitete. Die Soldaten drangen ein, warfen Schlingen über die Köpfe der Räuber und hatten blitzartig Hände und Füße gefesselt. „Wir bieten euch den ganzen Schatz an, wenn ihr uns freilaßt!" rief Mortimer. „Was habt ihr schon davon, ewig arme Schlucker zu bleiben!" Der Verwalter blickte seine Männer an, die aber spotteten nur: „Unser Leben ist tausendmal besser im Dienst unseres guten Herrn. Sollen wir etwa wie ein Dieb in der Angst vor dem Galgen leben?" Mortimer erbleichte, sein Geselle hob die Hände und flehte: „Ich bin unschuldig. Ich habe nur Mortimer gehorcht." – „Und nebenbei 1000 Taler gestohlen!" warf ein Soldat ein. „Eure Strafe wird der Sheriff bestimmen. Jetzt reiten wir zurück nach Schottland", hieß die kurze Antwort. Die Gefangenen mußten gefesselt auf ihre Pferde steigen, die Kiste wurde dem Pferd mit dem breitesten Rücken aufgeladen. Im Morgengrauen dieses denkwürdigen Tages legte der Trupp die 80 Meilen nach Norden zurück.

Groß war das Staunen im Herrenhaus über die Ankunft der Gefangenen, größer noch über die Kiste mit dem Raubgut. Groß war auch die Freude, das Lösegeld wiederzuhaben. Im Beisein des Pfarrers, Lehrers und Verwalters wurde die Kiste aufgestemmt. Der Fund übertraf alle Erwartungen: goldene und silberne Geräte, kostbarer Kirchenschmuck, Münzen und Ringe. Der gefesselte Mortimer mußte beichten. Er gab an, woher die Güter kamen. Aiden wollte alles dahin zurückgeben, von wo es gestohlen war. Mit dem übrigen Geld sollte den Bauern das geraubte Vieh ersetzt werden.

Kann man sich vorstellen, was es für Schottland bedeutete, daß Kirchen ihre Schätze an Kelchen und Kruzifixen wieder erhielten, Herrenhäuser und Schlösser verlorenes Erbgut? Vielen wurde die Armut gelindert. Vor allem aber feierte jeder, der in den Borders lebte, das Ende der Gesetzlosigkeit. Die Seeleute hatten tatsächlich mehrere Räubernester ausheben können und zwischen dem Teviot und Berwick am Tweed herrschte Frieden.

Mortimer und sein Geselle wurden in Edinburgh gehängt. Tom und Harry mußten sieben Jahre Schwerarbeit leisten, ehe sie freigelassen wurden.

Georg wurde ein Richter, Andrew ein Künstler, Philip übernahm die Fabrik, und die Schwestern heirateten und hatten viele Kinder und Kindeskinder.

Original-Geschichte

Die Kühe und der Silberkelch

Im warmen Süden Irlands lebte ein Bauer namens Renald. Er war ein zufriedener Mann, der jeden Morgen Gott dankte für Haus und Hof, die tüchtige liebe Frau, die fleißigen Söhne und sein gesundes Vieh. Jede Kuh im Stall hatte einen Namen. Er kannte seine Schafe auf dem Hügel und fütterte das Federvieh so großzügig, daß die Hühner bis in den Winter hinein Eier legten. Die Magd Brenda melkte jeden Morgen die Kühe und half beim Zubereiten von Butter und Käse. Kein Bettler verließ den Hof hungrig, und Renald war beliebt bei den Nachbarn.

Eines Tages kam Brenda klagend ins Haus: „Die Kühe sind krank. Es ist kein Tropfen Milch in ihren Eutern", sagte sie. Sofort suchte Renald den Stall auf. Nie hatte er seine Tiere so erschöpft gesehen. Sorgfältig untersuchte er sie. „Sie sind nicht krank, aber todmüde, und es fehlt Daisy, mein Schatz, die Mutterkuh." Er gab den Kühen extra Futter und ließ sie ruhen.

Am nächsten Tag war es das gleiche Bild. Diesmal fehlten zwei Kühe. Keine Milch ließ sich hervorlocken, und die Söhne tranken Wasser. „Heute Nacht werde ich im Stall wachen und sehen, was geschieht", meinte der Bauer und versteckte sich abends oben im Heuboden. Längst schliefen Frau und Kinder. Die Kühe dösten, als ein Knarren vom Tor her zu vernehmen war. Feine Stimmchen und leises Hundegebell drangen zu ihm hinauf. Eine Gruppe von Feen schob mit Anstrengung das schwere Tor auf. Dann sprang je eine Fee auf den Rücken einer Kuh und peitschte deren Flanken ohne Gnade oder Mitleid und trieb sie ins Freie.

Renald folgte ihnen in Windeseile auf seinem Pferd; doch war die Herde schon weit voran, gefolgt von schnellen Feenhunden, die bellend hinter den Kühen her waren. Die wilde Jagd ging über Felder und Hecken, immer höher den Berg hinan, bis sie im Rund des uralten Steinkreises zur Ruhe kam. Dorthin geht kein Sterblicher bei Nacht. Es ist zu gefährlich. Renald hielt sich im Dickicht knorriger Wachholderbüsche verborgen. In der Tasche trug er einen eisernen Nagel als Schutz vor den Feen, die jetzt von den schnaufenden Kühen abgesprungen waren. Plötzlich ertönte ein Horn. Der Berg öffnete sich und ließ Feen, Hunde und Kühe ein. Licht erstrahlte aus der Tiefe, Musik war zu hören. Alles drängte sich tief in einen Saal, in dem Erdsäulen das Dach trugen. Renald schlich als letzter ungesehen in den Berg und fand einen schattigen Ort hinter einer der Säulen, von wo aus er das prasselnde Feuer sehen konnte, über dem eine Kuh geröstet wurde: seine Kuh!

Die Feen tanzten zu der Musik, sie wirbelten im Kreis, und keine beachtete ihn. Es duftete nach würzigem Glühwein. Ein silberner Kelch wurde hereingetragen, gefüllt und von Hand zu Hand weitergereicht. Jeder trank, und die Stimmung stieg. Renald sah den Kelch kreisen. Es waren uralte Zeichen darauf eingegraben, und das Silber glänzte im Feuerschein. Er wartete, bis der Kelch ganz in seine Nähe kam, dann sprang er mitten im Trubel zu dem Träger und riß das kostbare Gefäß an sich, um sofort damit zu fliehen. Ohne sich auch nur einmal umzudrehen, erreichte er das Freie und rannte den Berg hinab. Er hörte sein Pferd wiehern und rief den Hengst, der sich in Trab setzte. Steil ging der Abhang zum Fluß, hart auf den Fersen folgten die zornigen Feen, und Renald flehte zu Gott, er möge den Fluß vor seinen Verfolgern erreichen; denn das grüne Volk vermag kein Wasser zu überqueren.

Mit einem gewaltigen Satz sprang das Pferd über den Fluß, und er war gerettet. Todmüde fiel er zu Hause in sein Bett. Der Anblick des leeren Kuhstalls grub sich schmerzvoll in die Seele. Das Kleinod aber verbarg er unter dem Federkissen.

Die Sonne stand schon hoch. Brenda klapperte mit ihren Eimern unten im Stall, ehe der Bauer erwachte. Der Kelch war noch bei ihm. Mit Staunen betrachtete er die herrlichen Muster. Er entdeckte ein paar alte Schriftzüge und Jahreszahlen, die eingraviert waren.

Im besten Anzug grüßte Renald seine Frau, die gespannt zuhörte, als er sein Abenteuer erzählte und ihr die kostbare Beute zeigte. „Ich will in die Stadt, um den Kelch zu verkaufen. Mit dem Erlös kann ich den Schaden gutmachen und neues Vieh besorgen", sagte er. Da lachte sie und forderte ihn auf, in den Stall zu kommen. Seine Herde war wieder da! Müde zwar, hungrig auch, aber gesund. So schenkte Renald den Kelch seiner Kirche, von wo er vor hundert Jahren gestohlen worden war, wie die eingravierte Jahreszahl ihm verriet.

Der Schmied und die bösen Feen

Auf der Insel Islay, im Westen Schottlands, lebte einst ein tüchtiger Schmied, Alasdair MacEchern mit dem starken Arm und dem warmen Herzen. Er war beliebt bei alt und jung. Er besaß ein wetterfestes Haus mit einer Schmiede daran, wo er mit seinem Sohn Niel arbeitete. Seine Frau war jung gestorben. Zwischen Vater und Sohn gab es ein inniges Band der Liebe und Freundschaft. Nie sah man den einen ohne den anderen. Beide waren gerngesehene Gäste bei jedem Fest.

Niel war schlank und blond, heiter und gutmütig, wie seine Mutter es gewesen war. Die Nachbarn warnten Alasdair vor den Feen, die sich gerne gutaussehende Jünglinge holten, sie als Tänzer begehrten und nie wieder freigaben. Deshalb schnitt der Vater abends immer einen Zweig vom Vogelbeerbaum ab und hängte ihn als Schutz vor die Tür, ehe er schlafen ging.

Eines Tages mußte der Schmied fortgehen. Er ermahnte den Sohn, das gleiche zu tun, um sich vor den Unsterblichen zu schützen. Niel versprach es. Doch vorerst gab es viel Arbeit: die Ziege mußte gemolken werden, die Hühner gefüttert, das Feuer geschürt und das Haus aufgeräumt werden. Es war ein Freitag, an dem kein Eisen bearbeitet werden darf. So packte er sich Brot und Käse ein, nahm die Angel und ging an den Fluß, um für sich und den Vater Forellen zu fangen. Es wurde spät. Nach seiner Heimkehr waren wieder die Tiere zu versorgen und das Abendessen zu kochen.

Der Duft gebratener Fische stieg auf, Niel wartete nicht auf seinen Vater, denn er war hungrig und müde nach dem langen Tag. Er warf sich auf sein Bett und schlief ein, ohne an den Zweig zu denken. Bald darauf kehrte Alasdair zurück und sah mit Entsetzen die Tür offenstehen, das Bett leer. Vergeblich rief er nach Niel. Statt dessen hörte er eine hohe Fistelstimme rufen:

„Hier bin ich, Vater, ich bin krank, und du mußt mich in mein Bett tragen und füttern."

In der Ecke am Herd hockte eine abgemagerte Kreatur, die eine verzerrte Ähnlichkeit mit Niel hatte; doch die Haut war gelb und faltig. Sie hatte fahrige Hände und einen flackernden Blick, der Appetit schien unersättlich. Was konnte Alasdair tun? Das Wesen verlangte mehr und mehr Essen. Kaum konnte der Schmied seiner Arbeit nachgehen.

Voller Verzweiflung betete er mit hochgestreckten Händen zum weißroten Michael und allen seinen himmlischen Heerscharen:

„O Michael der Heere der Engel
Und der Gerechten des Himmels,
Schütze du meine Seele
Unter dem Schatten deiner Flügel,
Schütze du meine Seele
Auf Erden und im Himmel
Vor den Feinden auf der Erde,
Vor den Feinden unter der Erde,
Vor den Feinden im Verborgenen,
Behüte und umkreise
Meinen Sohn im Schatten deiner Flügel."

Bald darauf kam ein Bodak zu ihm, ein weiser, alter Ratgeber, der am Ende des Tales lebte. Der wußte sofort, was geschehen war. „Das ist nicht Niel, dein Sohn, das ist ein Wechselbalg. Niel ist längst im grünen Feenhügel. Wenn du Mut hast, kannst du ihn erlösen und befreien." – „Alles, was not tut, will ich vollbringen. Mein Sohn ist mein Leben und meine Freude. Bei den bösen Feen aber verliert er sein ewiges Heil. Deshalb muß ich rasch handeln, ehe es zu spät ist." Da nahm der Bodak Alasdair zur Seite und flüsterte: „Eines mußt du sofort tun, das ist die Prüfung des Wechselbalges."

Daraufhin gab er genaue Anweisungen und zitierte ein altes Gebet, das Alasdair lernen mußte. Schon während er die Worte sprach, fühlte er Kraft in seine Glieder strömen und frische Hoffnung wachsen. Dann segnete der Bodak den Schmied und machte sich auf den Weg dorthin, wo Sankt Michael es ihm gebot und wo Rat nötig war.

Alasdair ging in den Stall und sammelte alle Eier ein, nahm sie in die Küche, wo das Bett mit dem Balg in der Ecke stand, und schlug die Eier auf. Er füllte sie sorgfältig mit Wasser und stellte sie auf den Herd. Das dürre Geschöpf beobachtete ihn und rief mit seiner hohen Stimme: „Jetzt lebe ich schon 800 Jahre, aber so etwas Törichtes habe ich nie gesehen." Da wußte der Schmied mit Sicherheit, das Wesen gehörte den Unholden an. Er schürte das Feuer, packte den Balg und warf ihn in die Flammen. Mit gellenden Schreien sprang dieser in die Höhe und zum Schornstein hinaus.

Tief erleichtert bereitete Alasdair jetzt die Rettung des Sohnes vor. Er nahm seine Bibel, knüpfte sie über dem Herzen und unter dem Hemd fest, schnitt eine Astgabel in der Form des Kreuzes vom Rowan, dem Vogelbeerbaum, steckte einen eisernen Nagel in die Tasche und seinen Dolch oben in die Kniestrümpfe. Dann holte er den schlafenden Hahn aus dem Stall.

Es war nicht weit zum Feenhügel. Heute würde der Vollmond scheinen. Er verbarg sich und wartete, bis er Musik hörte und sich eine Pforte an der Seite des Hügels auftat, aus der helles Licht schien. Rasch stach er mit dem Dolch in die Schwelle. Nun konnte die Pforte sich nicht schließen, ehe er wieder im Freien war. Mutig schritt er den Gang hinunter in den runden Raum, wo zahllose Feen tanzten und feierten. Es war eine Rasse mit schrägen Augen und spitzen Ohren.

Alasdair schritt durch die Menge in den hintersten Winkel. Dort stand ein Amboß und davor Niel mit einem Hammer in der Hand. Niel blickte sich um, seine Augen waren trüb, sein

Gesicht fahl trotz des Feuers. Kaum aber nahm er den Vater wahr, leuchtete Hoffnung im Gesicht auf. „Gebt mir meinen Sohn wieder!" rief der Schmied mit mächtiger Stimme, worauf meckerndes, höhnisches Lachen von allen Seiten ertönte.

Nun haben die Stunden im Feenhügel ein anderes Zeitmaß als ober auf der Erde unter Menschen. Der Hahn richtete sich plötzlich auf, sein Kamm schwoll rot an, und er krähte, krähte dreimal, um den Tag zu grüßen. Abrupt endete das Gelächter, mit hundert Händen schoben die Unholden Vater und Sohn durch den Gang ins Freie, nur damit Alasdair den Dolch aus der Schwelle zöge, ehe das Tageslicht in den Hügel dringen konnte.

Aber noch bevor die beiden Männer das Freie erreicht hatten, drang ein Fluch an ihre Ohren: „Möge der Sohn stumm bleiben, bis dieser Bann gebrochen ist." Rasch zog Alasdair den Dolch aus der Schwelle. Die Pforte schloß sich sofort. Sie kehrten zusammen in ihr Haus zurück, setzten den Hahn im Stall nieder und gaben ihm reichlich Futter.

Nun blickte Niel sich in der vertrauten Heimat um. Er berührte den Krug und den Kessel, warf Holz auf das Feuer und legte Brot auf den Tisch. Alasdair konnte sich nicht satt sehen an dem Jüngling; doch Niel blieb stumm. Kein Wort kam über seine Lippen. Schweigend teilten sie ihr Mahl, schweigend stand Niel wieder am Amboß. Der Fluch hatte seine Wirkung getan. Nie würde Niel erzählen können, was er erlebt hatte. Der Rhythmus des Hämmerns war ihr stummes Gespräch. Niel übte neue Muster verschlungener Art, mit denen er die Geräte verzierte.

Die Nachbarn kamen und bedauerten die beiden, die ihre Warnung nicht befolgt hatten. Die Neugierigen wollten genau wissen, wie der Schmied den Sohn befreit hätte und gaben widersprechende Ratschläge, die Stummheit zu heilen. Alasdair aber wurde bald so schweigsam wie sein Sohn; denn durch das Gerede verstärkte sich sein Schmerz. Unaufhörlich sann er nach, wie der Fluch aufgehoben werden könne. Er spürte, er habe wenig Zeit, bald würde es wieder Vollmond sein, da sich der Feenhügel öffnet …

Niel brachte dem Vater am Abend die Bibel und deutete auf Lukas. Es war seine Bitte, der Vater möge ihm vorlesen, wie er es getan hatte, als Niel klein war und die Mutter noch lebte. Da suchte Alasdair die Stellen heraus, wo von Heilungen die Rede war. Das heiterte Niel auf. Danach betete der Vater:

„Ich flehe und bitte
Alle Helfer um Columba,
Die Mutter meines Königs,
Brigid die Frauliche,
Michael den Kämpfenden,
Hochkönig der Engel,
Zu trösten und zu schützen uns
Vor allen Feen auf Erden,
Vor allen Feen auf Erden.
(Carmina, S. 262)

Kurz darauf kam ein junges Mädchen namens Maria mit einem Auftrag für den Schmied zu ihnen. Geduldig wartend schaute sie zu, wie Niel an einem Stück Bronze arbeitete. „Soll es ein Schwert werden?" fragte sie, und Niel nickte. „Ein Schwert für die Feen?", und wieder nickte er. „Forme den Griff wie ein Kreuz!" setzte sie hinzu. Erstaunt blickte er dem Mädchen ins Gesicht, so, als erblicke er sie das erste Mal. Sie hatte graue Augen und rötliches Lockenhaar, ihr hübsches Gesicht war vom Feuer beleuchtet. „Als Gott der Vater den Engel Luzifer aus dem Himmel warf, da flohen tausend Wesen mit ihm. Einige blieben dem Himmel nahe, andere folgten Luzifer in die Hölle. Deshalb gibt es gute und böse Feen unter ihnen. Sie alle aber tragen tief im Herzen Sehnsucht nach dem Lichtgott Jesu.

Feen können kein Eisen bearbeiten, deshalb haben sie dich geholt. Wenn du ihnen etwas aus Bronze schenkst, befreien sie dich vielleicht von dem Bann."

Verwundert hatten Vater und Sohn zugehört. Sie erinnerten sich, daß Maria die Tochter des weisen Bodak vom fernen Ende des Tales war und wohl so manches von ihm gelernt hatte; denn sie war klug und hellwach.

Alasdair gab ihr das fertige Stück, um dessentwillen Maria gekommen war. „Es kostet nichts, wir stehen in der Schuld deines Vaters. Frage ihn bitte, wie Niel seine Sprache wiedergewinnen kann." Inzwischen hatte der Sohn mit einem feinen Hammer weiter an dem Schwert gearbeitet und hielt es nun hoch. Aus dem Griff war ein Kreuz geworden! Noch glühte die heiße Bronze. Voller Staunen sah Alasdair die kunstvollen Muster. Das hatte Niel früher nicht vermocht. Plötzlich stürzten Niel Tränen aus den Augen, er, der bisher nie geweint hatte über sein Unglück, schluchzte bitterlich. Jetzt wollte er sprechen. Hier stand ein Mädchen vor ihm, das ganz neue Fähigkeiten in ihm geweckt hatte. „Bitte, komme wieder", schienen die Augen zu sagen.

„Deine Tränen sind meine Tränen", antwortete Maria dem Stummen. „Zur Vollmondnacht komme ich wieder." Und sie hielt Wort.

Während der Wartezeit arbeitete Niel wie nie zuvor. Er säuberte das Haus, putzte den Stall, fegte den Vorplatz und pflückte Blumen für den Besuch. Die grauen Augen Marias leuchteten, als sie die geschmückte Stube sah. Beim Teetrinken erläuterte sie, was zu tun sei. Aus einem alten Buch las sie folgende Verse:

„Möge das Kreuz Christi zwischen mir und den Feen sein,
Die heimlich innen und außen Schicksal weben;
Möge das Kreuz Christi zwischen mir und allem Bösen sein,
Allen Angriffen und allem Unglück.

Mögen die Engel Gottes mich schützen,
Die himmlischen Wächter, heut Nacht.
Mögen die Engel des Himmels mir erhalten
Seele und Körper im Gleichgewicht.
Möge das Mitleid Christi mich umgeben rundum,
Vor Gespenstern, Unholden, vor aller Schande,
    die schmerzt,
Möge es mich behüten vor allem Übel,
Vor den Zerstörern und mich schützen vor allem Leid,
das heute Nacht auf mich zukommt."

(Carmina, S. 297)

Der Vater wiederholte jeden Vers, und Niel sprach innerlich mit. Dann zeigte Maria ihnen ein Tuch, darin lagen frischgebackene Honigkuchen für die Feen als Geschenk. Niel nahm sein kreuzförmiges Schwert in seine rechte Hand.

Alasdair zitierte einen Vers, der die uralte Weisheit aussprach, daß zur Erlösung immer drei gemeinsam wirken müssen:

„Mann, Jüngling und Maid
Schützen gegen den Fluch,
Vater, Sohn und Heiliger Geist,
Befreien vom Bann des Bösen."

Niel und sein Vater schauten Maria hilfesuchend an, und sie nickte: „Gerne komme ich mit. Es wäre auch gut, wenn wir drei Gaben mitbringen, denn das Gesetz der drei wirkt sich ebenso unter Feen aus. Ich sehe dort ein Horn hängen; ist es entbehrlich?"

„Alles, was ich besitze, ist entbehrlich. Auf diesem Horn kann ich blasen, wenn wir vor dem Feenhügel stehen. Bald ist es Zeit, daß wir uns auf den Weg machen. Ich will nur noch drei Zweige vom Rowan-Baum für uns schneiden."

Es war eine warme, helle Nacht. Niel trug sein Schwert, Maria

122

die Kuchen und sein Vater das Horn. Lauschend näherten sie sich dem Hügel. Genau zur Mitternacht flog die Pforte auf. Tanzmusik war zu hören, und mehrere Feen schwärmten ins Mondlicht hinaus, wo die drei Menschen warteten. „Wehe, wehe! Was wollt ihr hier?" rief der Anführer.

„Wir bringen Gaben!" rief Alasdair. „Führt uns zu Eurem König!"

„Zeigt uns erst die Geschenke! Wir kennen die Tücken der Sterblichen."

Da blies Alasdair auf seinem Horn, Niel hob das Schwert hoch und ließ es im Licht des Vollmondes leuchten, und Maria zeigte die Honigkuchen.

„Her damit, keine Firlefanzen, laßt uns nicht warten!" riefen die Feen ungeduldig. Das hatten die Bittenden erwartete. Sie hielten ihre Gaben fest. Mit heller Stimme rief Maria: „Es sind königliche Geschenke. Kein anderer als der König soll sie haben." Die Feen umdrängten sie, ergriffen ihre Hände, zupften an den Kleidern, bettelten und flehten; aber die drei blieben fest. Noch einmal blies Alasdair in sein Horn. Dann gab man ihnen den Weg frei.

Der König saß auf einem glitzernden Thron. Streng musterte er die Eindringlinge. „Seid ihr freiwillig gekommen, um für uns zu arbeiten?" fragte er. „Nein, wir bitten darum, daß diesem jungen Mann die Zunge gelöst wird." Niel hob wieder sein Schwert hoch. Rundherum war staunende Bewunderung.

„Gib mir das Schwert!" befahl der König. „Zuerst löse seine Zunge", erwiderte Alasdair. „So billig geht das nicht, zeigt mir, was ihr sonst noch habt", klang es vom Thron. Eine kunstvolle Melodie erklang auf dem Horn. Alle Feen scharten sich um Alasdair und lauschten. „Her damit, ich will selber blasen!" schrie der Feenkönig erregt. „Gib die Sprache zurück und das Horn gehört Euch!" war die Antwort.

Jetzt hob Maria ihr geöffnetes Tuch hoch. Ein köstlicher Honigduft füllte den Raum. Zum drittenmal rief der Schmied mit seiner mächtigen Stimme: „Hebt den Bann von Niel MacEchern, meinem Sohn!" Da trat die Fee hervor, die den Fluch ausgestoßen hatte, und streckte ihre Hände in die Höhe: „Gelöst sei die Zunge, der Bann sei gehoben, die Sprache kehre wieder!"

„Danke, o danke", sagte Niel benommen, ehe er das Schwert dem König übergab. Noch einmal blies Alasdair auf dem Horn und tat das gleiche. Maria aber legte die Honigkuchen der Fee in die Hände, die den Bann gelöst hatte, und sprach: „Möge Frieden walten zwischen Eurem Reich und unserem Reich."

Die drei Menschen gingen in die helle Nacht hinaus. Das Tor schloß sich geräuschlos hinter ihnen. Niel warf seine Mütze in die Luft. „Was habe ich euch alles zu erzählen! Kommt, wir wollen feiern."

Es wurde nicht dunkel in dieser Nacht in der Schmiede. „Deine Freude ist meine Freude", sagte Maria zu Niel. Er erwiderte ernst: „Und von jetzt ab gehören wir zusammen. Willst du mich heiraten?" Ein Kuß war die Antwort.

Der alte Bodak gab seinen Segen, und alle Nachbarn wurden zur Hochzeit eingeladen.

Bis auf den heutigen Tag ist das Schmiedehandwerk auf der Insel Islay hochgeachtet. Wer sein Boot dorthin steuert, mag wohl einen Nachkommen der MacEchern treffen, denn Maria schenkte Niel viele, viele Kinder. Sie alle lernten von ihr, am Abend einen Zweig vom Rowan-Baum vor die Tür zu hängen.

Eine Erzählung aus alter Tradition

Rori, der treue Hirte

Auf einer der kleinen Inseln der Hebriden gab es einen alten Schäfer genannt Rori. Er widmete sein ganzes Leben seiner Herde. Jedes Lamm begrüßte er, als gehöre es einem König und sei von Wichtigkeit in der Welt. Das spürten die Schafe, und sie gediehen bestens. Im Dorf wußte man ihn wohl zu schätzen. Nur der junge Pfarrer aus Glasgow hielt ihn für recht ungebildet, weil er kaum lesen und schreiben konnte. Dieser Seelenhirte war in den Augen Gottes aber kein Iota mehr wert als Rori, auf den reicher Segen strömte und ihm im Alter hohe Weisheit schenkte.

In der gälischen Sprache wird ein vaterloses Kind „Kücken Gottes" genannt. Weil sein Vater beim Fischen ertrunken war und er von seiner jungen Mutter alleine großgezogen wurde, galt Rori als „God's Chick", dem jeder in der Gemeinde beistand, so daß er nie hatte Hunger leiden müssen. Willig half er auf dem kleinen Anwesen, lernte Torf stechen, Holz hacken, Hühner füttern und die Schafe hüten. Deshalb hatte er kaum Zeit, den weiten Weg zur Schule zu gehen. Bald vertrauten ihm die Nachbarn ihre eigenen Schafe an, und keiner bereute es.

Kurz vor dem Tode seiner Mutter erlangte Rori einen gewissen Ruhm. Das geschah so: Wie jeden Morgen war er mit seinem Hund Collie durch den Ort gegangen, hatte alle Tiere eingesammelt und sie auf die Weide getrieben. Zur gleichen Zeit war ein Pirat in einer versteckten Bucht gelandet und hatte sich die wohlgenährten Schafe angeschaut. Verborgen hinter einem Felsbrocken lauerte er, bis sich ein Mutterschaf in seine Nähe begab. Er konnte das Schaf packen und mit der Beute entfliehen.

Collie bellte scharf. Rori rannte dem Dieb nach, der mit der widerspenstigen Last zu kämpfen hatte. Noch war eine gute

Spanne zwischen ihm und dem Boot, als Rori den Hirtenstab hob und dem Piraten zwischen die Beine warf. Das Schaf entfloh. Collie biß dem Dieb ins Hinterteil, und Rori fesselte den Mann. Dann zog er das Boot höher auf den Strand und machte es fest; denn die Flut begann zu steigen. Zu seiner Überraschung fand er geraubte Münzen und kostbare Silberschalen in einer alten Decke unter dem Bootssitz versteckt.

Sogar der Pfarrer war des Lobes voll; denn Rori schenkte den Schatz an die Gemeinde mit der Bitte, ein neues Schulhaus in der Nähe zu bauen. Von dem Tage an ging es Rori gut. Oft fand er einen Lachs vor der Küchentür oder ein Dutzend Eier. Die Frauen webten ihm Tuch zu einem neuen Anzug, und der Imker schenkte ihm Honigwaben.

Der Dieb blieb auf der Insel, er fand schließlich Gefallen an dem gemeinsamen Leben und heiratete eine Witwe, deren Hof er versorgen lernte. Als Strafe war ihm auferlegt, für die Gemeinde Torf zu stechen. Weil er aus seinem früheren Leben abenteuerliche Geschichten erzählen konnte, wurde er am Ende ein beliebter Gast, der die langen Winterabende verkürzen konnte. Sein Boot stand der Gemeinde zur freien Verfügung.

Unter den jungen Mädchen war ein „Kücken Gottes", dessen Aussichten zu heiraten gering waren. Rori aber fand Gefallen an ihr. Mit der Heirat kehrte fröhliches Leben in seine abgelegene Kate. Drei Kinder wurden ihnen geschenkt, die rasch heranwuchsen. Noch immer aber gab es kein Schulhaus, und der Weg zum größeren Nachbardorf war zu weit für die kleinen Beine. Sollten seine Kinder auch ohne Bildung aufwachsen?

Mit dieser Frage ging Rori jeden Abend hinaus ins Freie, um seine Gebete in den Wind zu schicken, wie die Kelten sagen. Er hatte das Gefühl, Gott könne ihn im Freien besser hören. So kletterte er Abend für Abend auf eine hohe Düne, wo er dem Himmel nahe war, und betete um ein Schulhaus.

Im Licht der untergehenden Sonne sah er eines Tages ein großes

Segelschiff auf die Klippen zutreiben. Eine Krankheit hatte die Seeleute hingerafft. Wind und Wellen hatten freies Spiel.

Rori eilte ins Dorf und rief alle Männer zusammen. Das Schiff war inzwischen an die Klippen getrieben worden und begann auseinanderzubrechen. Die Ladung war Bauholz, auf den baumlosen Hebriden ein großer Schatz! Es gelang, die Stämme an Land zu bringen, ehe das Wrack in den Wellen des Atlantiks verschwand.

Wer heute die Insel besucht, dem wird voller Stolz das neue Schulhaus gezeigt, gebaut aus dem Strandgut und in Dankbarkeit dem Hirten gewidmet. Vielleicht wird auch die Geschichte vom treuen Hirten erzählt, wenn das Torffeuer brennt und sich Nachbarn zum „ceilidh" versammeln.

Ceilidh = festliches Beisammensein mit Musik und Geschichtenerzählen.

Der Jockei

Dies ist eine alte Geschichte. Sie ist so oft erzählt worden, daß sich Wahrheit von Märchen kaum trennen läßt; aber gilt das nicht für viele irische Geschichten? Der alte pfeifenrauchende Erzähler jedenfalls strömte inniges Wohlbehagen aus, als er sie im Kreis guter Freunde wiedergab:

Vor hundert Jahren lebte ein Jockei, der in jedem Wettreiten den ersten Preis gewann und in ganz Irland berühmt war. Er saß auf einem Pony, ehe er das Laufen gelernt hatte. Seine Beine waren so herrlich krumm, wie nur die Beine eines echten Jockei sein können. Die meisten Stunden des Tages verbrachte er im Sattel.

Charley Lambert war sein Name. Die Leute in seinem Dorf behaupteten, Charley verstünde die Sprache der Pferde und die Pferde verstünden ihn! Jedenfalls konnte man oft erleben, wie er lange und ernsthaft mit seiner Stute sprach. Er war recht klein. So lehnte er sich gerne gegen den Hals des Pferdes und flüsterte ihm ins Ohr. Vor jedem Rennen redete er ganz sachlich über die Rivalen, seine eigene Wette und über die Rennbahn, so behauptete jedenfalls der Stallknecht, der dabei war.

Zuerst war er sehr beliebt gewesen, hatte er doch manche Trophäe für Irland gewonnen. Man war stolz auf ihn. Allmählich aber ärgerten sich die Leute; denn ganz gleich, welches Pferd er ritt, er gewann immer. Ob er einen Pakt mit dem Teufel geschlossen hatte? Oder war er mit einer Glückshaut geboren? Schließlich wurde Charley von allen Pferderennen verbannt. Es wurde sogar gesetzlich bestimmt, daß jeder, der ihn bei einem Rennen entdeckte, ihn erschießen durfte.

Noch war Charley nicht alt, und es gab nichts anderes auf der Welt für ihn als den Beruf des Jockei.

Sein Ruhm war auch nach England gedrungen. Eines Tages

kam ein reicher Londoner zu ihm, der ihn anflehte, für ihn zu reiten.

Es ging um eine Wette: In einem Streitgespräch hatte der Engländer behauptet, irische Pferde seien minderwertig, die englischen viel besser und schneller; er würde es beweisen. Daraufhin wurde ein Rennen angesetzt, und weil dieser Gentleman sein Vermögen gewettet hatte, war er jetzt dem Verzweifeln nahe und meinte, nur Charley könne ihn retten. Dieser aber sagte nein; denn er würde sein Leben riskieren. Dann aber zeigte der Engländer ihm sein Pferd, und der Anblick des prächtigen Tieres hinterließ einen tiefen Eindruck bei dem Jockei. Er bat um Bedenkzeit, nahm den Schimmel beiseite und unterhielt sich mit ihm ernsthaft und lange.

„Ich bin bereit zu reiten, aber nur unter folgenden Bedingungen: Zwischen meinem Haus und der Rennbahn müssen alle sieben Meilen Pferde für mich bereitstehen, damit ich genau rechtzeitig dort ankomme, wo der Schimmel wartet, die Wette beginnt, und sofort nach meinem Sieg muß ich auf dem gleichen Weg zurückreiten können. Zwischendurch müssen die Pferde gut gefüttert und versorgt werden." Der Engländer versprach alles und ging erleichtert davon.

Kaum war Charley allein, schrieb er seinem Arzt einen Brief, er habe hohes Fieber und brauche Hilfe. Dann legte er sich ins Bett. Sowie er den Doktor kommen hörte, warf er die Arme wild um sich, um den Puls hochzutreiben. Sein Schwindel wurde geglaubt. Mit besorgter Miene verschrieb der Arzt eine Medizin. Er kam jeden Tag. Charley spielte seine Rolle so gut, daß er am Tage des Pferderennens einen besonders kranken Anblick bot. „Ich fahre nur ungern zum Rennen, Charley; aber abends werde ich dir genau erzählen, wie es gelaufen ist. Bleib du schön ruhig im Bett." Damit ging er davon.

Im Nu war der „Kranke" angekleidet, holte sein Pferd aus dem Stall und ritt auf Schleichwegen zum sieben Meilen entferten ersten Treffpunkt, tauschte sein Pferd, ritt weitere sieben Meilen und kam pünktlich auf der Rennbahn an. Er ritt den Schimmel, gewann mit einem tüchtigen Vorsprung und war bereits wieder verschwunden, ehe das Rennen endgültig zu Ende war. Die Zuschauer aber schrien seinen Namen und behaupteten, kein Sterblicher könne so reiten. Wenn es nicht Charley Lambert gewesen sei, so müsse es der Teufel selber sein.

Charley aber ritt sieben Meilen zurück, tauschte sein Pferd, ritt weitere sieben Meilen, um schließlich sein eigenes Pferd wohl gefüttert und getränkt für den Endspurt vorzufinden. Sein Puls jagte, als am Abend der Doktor mit der Nachricht kam, der Schimmel des Engländers habe gewonnen. Der unbekannte Jockei habe genauso krumme Beine gehabt wie Charley. „Es ist ein Jammer, daß du nicht dabei warst!" meinte der Arzt gutmütig.

Das Volk verlangte eine Untersuchung, wer den Schimmel geritten habe. Nur das Zeugnis des Arztes rettete den Jockei. „Ich habe Charles Lambert vor dem Rennen und nach dem Rennen in seinem Haus besucht. Der Mann hatte hohes Fieber und lag im Bett. Das kann ich beschwören." Man mußte ihm glauben.

Der Engländer zahlte Charley in aller Stille und Heimlichkeit den hohen Lohn. Ein Jahr später schenkte er ihm ein weißes Fohlen, Tochter des siegreichen Schimmels. Von dem Tage an fanden lange und ernsthafte Gespräche im Pferdestall statt und ein regelmäßiges Training. Das Fohlen entwickelte sich zum besten Rennpferd in Irland und gewann so manchen Sieg auf der grünen Rennbahn. Die Stute schenkte ihrem Herrn eine Generation von reinrassigen Schimmeln, die aus dem Jockei einen reichen Mann machten.

Hundetreue,
die Geschichte von Borris

Das Gutshaus der Familie Hamilton in dem Borderland am
Tweed war ein Paradies für Hunde; denn seit Generationen
züchtete man dort die besten Schäferhunde. Jedes Tier erhielt
einen Namen, der auf dem Halsband zu lesen war, und genaue
Aufzeichnungen über die Ahnenreihe waren vorhanden. Keiner aber wurde so berühmt wie Borris, der Meisterhund!
Er war kurz nach dem jüngsten Hamilton, David, geboren, und
beide wuchsen miteinander auf. Borris schlief am Fuß seines
Bettes und tollte mit ihm herum. Als die Mutter starb, wurde
das Band noch inniger. In allen Nöten suchte David bei seinem
vierbeinigen Freund Trost.
Hinter dem Garten war ein Hundefriedhof. Dort baute David
eine große Hundehütte, legte eine warme Decke hinein. Wurde
eines der Tiere krank, so versorgte er es dort. Abends hockte
David mit Borris am Kamin und lauschte den Erzählungen
seines Vaters, dem der Hund so aufmerksam zuhörte wie der
Bub. „Warum haben Hunde immer eine nasse, kalte Nase?"
fragte David einmal . „Ja, das geht auf die Arche Noah zurück",
erwiderte der alte Mann. „Es heißt, daß die Arche ein Loch
bekam und der einzige, der es bemerkte, war der treue Hund
Noahs, der seine Schnauze hineinsteckte, damit kein Wasser
eindringen konnte. Er hielt so lange aus, bis der Schaden entdeckt wurde. Als Erinnerung an diese selbstlose Rettungstat
blieb die Nase kalt und feucht für immer." Das gefiel David.
Krieg kam, der Angriff der Engländer drang über die Grenze.
In einer Schlacht fiel der Vater. Sein Sohn Scott wurde eingezogen. David blieb mit den Knechten zurück. Zu seinem größten
Schmerz mußte auch Borris in den Krieg. „Du hast den ganzen

Zwinger voller Hunde, David, vor allem aber hast du die Hündin Vagabond, die bald Junge zur Welt bringen wird, die Kinder von Borris. Du wirst nicht allein sein", meinte Scott Hamilton, ehe er in die Schlacht zog, die unweit des Gutshofes stattfand.

Wenige Tage später läuteten die Glocken der Dorfkirche Sturm als Warnung, daß ein Überfall bevorstand. Ein Trupp Soldaten näherte sich dem Hof. Da die Knechte weit draußen im Feld oder bei den Schafen waren, stand David allein da. Schon kam der Trupp an das Tor. Er sah die Waffen blitzen. Da tauchte der Schatten eines großen Hundes auf, dessen Augen glühten rot, und ein Heulen kam aus seiner Kehle, wie er die Soldaten angriff und sie in die Flucht jagte. David war gerettet!

Vor ihm stand Borris; aber nicht der Spielkamerad seiner Jugend, der so voller Leben gewesen war, nur ein Schatten und doch unverkennbar Borris in seiner Treue. „Ist Scott gefallen?" fragte David. Der Hund nickte, und Tränen quollen aus den Augen. David schluchzte, er warf seine Arme um den Hals seines Freundes, fühlte aber nur das Halsband, und darin hing ein Schlüssel! Noch einmal richtete sich Borris auf und lief in das Zimmer des Vaters, wo er vor der Eichentür eines Schrankes stehenblieb und mit der Pfote auf ein verborgenes Schlüsselloch wies. David öffnete den Schrank. Es fand sich eine Kiste darin, in der das Vermögen der Hamiltons seit Generationen ruhte. Nun wußte David, er würde die volle Verantwortung für den Hof tragen müssen. Mit letzter Kraft schleppte Borris sich zum Hundefriedhof. Mit einem letzten Blick auf David verendete er.

Aus der Hundehütte kamen merkwürdige Laute. Vagabond hatte sich dort verborgen, um ihre Jungen zu gebären. Da gab es keine Zeit zum Trauern. In kurzer Zeit lagen fünf blinde, feuchte Nachkommen auf der Wolldecke: die Kinder von Borris!

Zwei Schotten brachten die Nachricht vom Todes seines Bru-

ders Scott. „Als er am Verbluten war, hat er seinen Hund gerufen und ihn beschworen, nach Hause zu laufen. ‚Borris, schütze
meinen David!‘ waren seine letzten Worte." Der Hund sei auf-
gesprungen, ehe er aber das Schlachtfeld verlassen konnte, traf
ihn eine Kugel; trotzdem lief er weiter. Dem Tode nahe, kam er
bei David an.

Das Haus Hamilton ging nicht unter. Es finden sich überall
Nachkommen von Borris und Vagabond, deren vornehmste
Eigenschaft die Treue ist.

Sturm auf der Insel Skye

Vor langer Zeit lebten zwei Brüder auf der Insel Skye in den Hebriden, die ihren Namen der Göttin und Heiligen Bride oder Brigid verdanken. Das Wetter kann dort in kürzester Zeit umschlagen. Die Wolken kommen meistens aus dem Westen und entladen sich an den Cullin-Bergen. Der Regen füllt die Bäche und Flüsse, verwandelt das Heideland in einen Sumpf und die Hochmoore in Teiche. Wehe dem, der dann im Freien ist!

Die Brüder waren Fischer. Sie lebten in einem schwarzen Haus, genannt Black Hus, weil das Innere vom ständigen Rauch verrußt war. Die Wände waren aus Steinen gebaut und widerstanden jedem Orkan. Ihr Boot war gut geteert und wetterfest. Der kleine Acker trug Hafer und Gerste. Die Brüder lebten zufrieden und einträchtig miteinander.

Donald Dhu war der ältere und schwarzhaarig. Donald Finn war blond und feingliedrig, ein Liebling der Mädchen. Eines Abends saßen sie beim Netzeflicken am Feuer, während sich ein Sturm zusammenbraute. Eine steife Brise sprang auf, Donner krachte, Blitze zerrissen den Himmel, und ein heftiger Regen folgte. Die Brüder rückten näher an das Feuer heran, an einem Haken hing der Kessel mit Haferbrei.

„Finn, hörst du ein Wimmern?" fragte Donald Dhu. „Nein, ich höre nur den Regen", antwortete Finn. „Doch, doch, etwas schreit vor der Tür. Hörst du es jetzt?" Finn nickte, und Mitleid regte sich in ihm. Er öffnete die Tür mit Anstrengung gegen den Sturm. Durch den Spalt kroch eine Katze, pitschnaß und jämmerlich miauend, vor Kälte zitternd. „Komme herein, komme herein, wärme dich am Feuer, du arme Kreatur", rief Finn. Das Tier rieb sein tropfendes Fell an seinem Bein. Er holte ein Handtuch, und schnell war das Fell trocken. Donald Dhu brachte einen Teller mit Milch, gierig schleckte die Katze und machte es sich am Kamin gemütlich. Bald kündete ein Schnurren an, daß der Gast zufrieden war, und schließlich schlief er ein.

Der Wind legte sich gegen Morgen, das Trommeln des Regens versiegte, es wurde still. Eine rote Sonne kündete den neuen Tag an und spiegelte sich in tausend Tropfen wider. Die Insel glänzte wie neugeschaffen. Die Katze streckte sich und gähnte. Sie nahm dankbar ein Schälchen Haferbrei mit Sahne an und schritt dann zur Tür. „Willst du uns schon verlassen? Bleib doch bei uns, wir bringen dir reichlich Fische!" meinte Finn, und Dhu fügte hinzu: „Cait Dhu, schwarze Katze, geh nicht fort von uns. Du bist uns zu jeder Zeit willkommen." Es war, als wolle das Tier danken. Es leckte den Männern die Hände und sprang davon in den sonnigen Morgen. Es kam nie zurück.

Viele Monate später wurden die Brüder beim Fischen von einem Gewitter überrascht. Eine Bö brach den Mast. Das Boot trieb hilflos auf den Wellen, fort vom eigenen Ufer gegen eine Steilküste. Gnadenlos warfen die Wogen das Gefährt gegen die Felsen. Es zersplitterte beim Aufprall, die Brüder aber lebten! Naß bis auf die Haut, mit blauen Flecken und blutenden Händen krallten sie sich an den Klippen fest und kletterten nach oben.

Durch den Regen drang schwaches Licht. Da mußte ein Haus sein. Sie tappten vorwärts und erreichten bald eine niedere Hütte mit kleinen, vom Feuer erleuchteten Fenstern. Sie klopften an. Eine schwache Stimme fragte: „Wer ist da?" – „Die Brüder Donald Dhu und Donald Finn, die Fischerleute. Unser Boot ist zerschellt, und wir frieren hier im Regen." Die Tür öffnete sich weit: „Kommt herein, willkommen den Donalds Dhu und Finn, kommt und wärmt euch am Kamin." Vor ihnen stand eine gebeugte kleine Frau mit schwarzen Haaren und winkte ihnen. „Ich bin Cait und freue mich über euren Besuch. Es gibt heiße Suppe und frisch gebackenen Bannock mit Butter." Zögernd traten die Brüder ein. Es schien ihnen seltsam, so freundlich von einer Fremden begrüßt zu werden. Es duftete köstlich aus dem Kessel. Dankbar stillten sie ihren Hunger. Die Frau gab ihnen warme Tücher, um sich das Haar zu trocknen, und wies ihnen das eingebaute Doppelbett an, wo sie ungestört schlafen konnten.

Früh am nächsten Morgen war der Tisch für sie gedeckt, es gab Haferbrei mit Sahne. „Wie können wir Euch danken? Ihr habt uns aus dem Sturm hereingeholt, uns gutes Essen und ein warmes Bett gegeben, und doch sind wir Fremde", sagte Donald Dhu. Die Frau lächelte seltsam und erwiderte: „Kein Dank ist nötig, Donald Dhu, ich zahle meine Schuld ab. Als ich vom Regen durchnäßt, hungrig und fast erfroren war, da habt ihr mich in euer Haus eingelassen, habt mir das Fell trockengerieben, mir süße Milch und einen Platz am Kamin gegeben für die Nacht und Haferbrei mit Sahne zum Frühstück."

„Ach, gute Frau, wann wart Ihr bei uns? Es muß ein Irrtum sein, wir haben Euch nie gesehen!" riefen die Brüder. Die Alte lachte nur, es war ein seltsames Kichern. „Ich bin Cait Dhu, die Katzenhexe, die vergißt eine Wohltat nie. Aber hütet mein Geheimnis und kehrt jetzt heim, der Sturm hat sich ausgeblasen, und der Tag ist jung."

Donald Dhu und Donald Finn wanderten den weiten Weg durch die Heide zwischen Wacholder und Birken nach Hause und sannen über ihr Erlebnis nach. Sie schwiegen aber treulich. Erst als sie beide uralt geworden waren, erzählten sie die Geschichte der Märchensammlerin, die sie wiederum mir verraten hat. Ort und Zeit sind längst vergessen, und die Insel Skye ist groß.

Der Stein der Wahrheit

Unter all den vielen Legenden, die der berühmte Professor Douglas Hyde aus dem Gälischen übersetzt hat, ist diese die bekannteste. Man kann eine Ahnung von der Glaubenskraft der Iren gewinnen, wenn man sie hört.

Vor Hunderten von Jahren lebte ein seltsamer Mann in Connacht. Er hieß Paidin O'Kerwin und glaubte nicht an Gott! Er dachte, daß wir nach dem Tod nicht mehr sind und wie ein Tier verenden. Er führte ein böses Leben, tagsüber schaute er in die Häuser und nachts stahl er. Nun hatte der heilige Patrick einmal auf einer Steinplatte so innig gebetet, daß eine Kraft in den Stein übergegangen war. Wer darauf stand, der *mußte* die Wahrheit sprechen, und weil man dort keine Lüge sprechen konnte, nannte man ihn den Stein der Wahrheit.

Paidin hatte Angst vor dem Stein. In einer Nacht lud er sich den Stein auf den Rücken und trug ihn weg, sieben Meilen weit. Er warf ihn zwischen zwei Hügel; aber der Stein kehrte noch in der gleichen Nacht zurück, ohne daß Paidin es ahnte. Daraufhin stahl er zwei Gänse des Pfarrers. Die Leute hatten ihn in Verdacht und sagten: „Wir bringen dich zum Stein der Wahrheit." Er lachte nur. Wie groß war sein Schreck, als der Stein am gewohnten Platz lag. Er mußte sich darauf stellen und bekennen, er habe die Gänse gestohlen! Der Pfarrer ließ ihm eine Tracht Prügel geben, und Paidin schwor, er würde den Stein noch einmal forttragen.

Ein paar Nächte vergingen. Paidin fand eine Gelegenheit, den Stein in ein tiefes Loch zu werfen. Kaum war er 400 Meter fortgegangen, da hörte er Lärm. Als er sich umdrehte, sah er eine große Zahl von weißgekleideten Zwergen, die den Stein trugen. Voller Furcht stand Paidin wie angewurzelt da und sah die vielen kleinen Beinchen unter der Steinplatte auf sich zukommen. „Oh, du verfluchter Paidin, trage den Stein an seinen Platz zurück, sonst wirst du es büßen!" sagte einer der Zwerge. „Ich will es tun, willkommen", antwortete Paidin. Sie legten ihm die Platte auf den Rücken, drehten sich um und verschwanden. Da kam der Teufel und versuchte Paidin. Da warf er den Stein in ein viel tieferes Loch. Da blieb er mehr als sieben Jahre. Keiner außer Paidin kannte das Versteck.

Danach ging Paidin einmal am Friedhof vorbei. Er schaute zu einem Kreuz hinauf und fiel in Ohnmacht. Wie er zu sich kam, erschien ihm ein Mann in schneeweißem Gewand. „Oh, du verfluchter Paidin, du hast die sieben tödlichen Sünden begangen. Wenn du nicht Buße tust, kommst du in die Hölle. Ich bin ein Engel Gottes und lege dir Buße auf. Ich lege sieben Säcke auf dich, die du 21 Jahre lang tragen mußt. Dann aber gehe zur Stadt Cong und sprich dreimal die Worte: Meine Seele für Gott und Maria. Führe ein frommes Leben, und du wirst in den Himmel kommen. Gehe zum Priester und empfange meinen Rat gehorsam."

„Ich bin gehorsam; aber die Leute werden über mich lachen."
– „Kümmere dich nicht um den Spott, er wird nicht lange dauern", sagte der Engel.

Daraufhin fiel Paidin in einen tiefen Schlaf. Beim Erwachen fand er sieben Säcke auf sich liegen: zwei auf der rechten Seite, zwei auf der linken, drei auf dem Rücken. Sie klebten so fest, als wären sie angewachsen. Sie hatten die Farbe seiner Haut und glichen seiner Haut, der Engel aber war fort.

Die Leute bestaunten ihn und nannten ihn den Kaufmann der sieben Säcke. Den Namen trug er bis zum Tode.

Paidin begann ein neues Leben. Er zeigte sich dem Priester und erklärte, warum die Säcke festgewachsen waren. Er erhielt gute Ratschläge und einen weiten Mantel, die Säcke zu bedecken. Jeden Tag wanderte Paidin von Haus zu Haus, von Dorf zu

Dorf und bat um Almosen; doch jeden Sonn- und Feiertag besuchte er die Kirche.

Sieben Jahre später ging Paidin zu dem Loch, in das er den Stein der Wahrheit geworfen hatte. Er ließ sich auf seine beiden Knie nieder und bat Gott, den Stein heraufzuschicken. Sowie das Gebet beendet war, tauchte der Stein aus der Tiefe auf. Hunderte weißer Tauben waren rundherum um den Stein, bis er auf gleicher Höhe mit Paidin war; dann flogen die Tauben wieder hinunter. Am folgenden Tag ging Paidin zum Priester und berichtete alles, was er von dem Stein wußte und auf welche Weise er aus dem Loch gekommen war.

„Ich werde mit dir gehen, um dieses große Wunder zu sehen", sagte der Priester. So geschah es. Er bestaunte den Stein der Wahrheit und wunderte sich über die vielen Tauben, die um das Loch flogen und benannte den Ort Poll nag Colum, das Taubenloch. So heißt es noch heute.

Der gesegnete Stein wurde nach Cong gebracht. Ein großes Kreuz wurde darüber errichtet. Die Leute pilgerten zum Loch der Tauben. Sie glaubten, es seien die Engel des heiligen Patrick, die in den Tauben verzaubert sind. Jahrzehntelang blieb der Stein der Wahrheit in Cong, wo er viele Leute davor bewahrte, Unrechtes zu tun, bis er endlich verschwand und niemand weiß, wohin er gelangte.

Paidin wurde achtzig Jahre alt und trug seine Buße geduldig. Nachdem die 21 Jahre vergangen waren, die der Engel verkündet hatte, träumte er von einem Boten, der sprach: „Dein Leben ist vollendet. Gehe vor das Kreuz in Cong und ergebe dich und deine Seele Gott und Maria ..." Paidin suchte den Priester auf und erzählte ihm den Traum, der ihm nicht glauben wollte; doch empfahl er zu gehorchen.

Paidin gab den Nachbarn und Verwandten seinen Segen und ging nach Cong zu dem Kreuz. Als die Uhr zwölf schlug und der Segensspruch der Engel gesagt wurde, wiederholte Paidin dreimal „Meine Seele für Gott und Maria!" und fiel tot zur Erde.

Das Kreuz war lange Zeit in der Stadt. Ein Bischof O'Duffy reiste nach Rom und brachte ein Stück des wahren Kreuzes mit sich und fügte es in dieses Kreuz ein. Dort blieb es, bis Fremde das Kreuz zu Boden warfen. Das Kreuz von Cong ist noch immer in Irland, und die Leute glauben, es wird wieder in Cong errichtet werden mit der Hilfe Gottes.

(Dublin 1915)

Teig O'Kane und die Leiche

Ein junger Mann in Leitrim lebte in Luxus; denn sein Vater war reich und gab ihm alles, was er wollte. Die Arbeit schmeckte ihm nicht. Er ging gerne auf den Markt, zum Pferderennen und zum Tanzen. Selten verbrachte er eine Nacht zu Hause. Er sah gut aus. Die Mädchen schenkten ihm ihre Herzen. Er hielt keiner die Treue und wurde immer wilder. Die Nachbarn schüttelten ihre Köpfe und sagten: „Wenn der Vater stirbt, hat der Junge alles in einem Jahr verpraßt."

Teig O'Kane begann zu spielen und zu wetten. Er trank zu viel. Nie aber schalt ihn sein Vater. Doch eines Tages wurde ihm hinterbracht, sein Sohn habe die Ehre der Nachbarstochter geschändet, und das brachte ihn in Zorn. „Mein Sohn, ich gab dir alle Freiheit und reichlich Geld. Es war mein Wunsch, dir Haus und Hof zu vermachen. Was ich heute gehört habe, ist aber so schlimm, daß ich all meinen Reichtum lieber dem Brudersohn gebe, als dir. Es sei denn, du versprichst mir, das Mädchen zu heiraten. Deine Antwort erwarte ich morgen früh." – „O weh, wie habe ich das verdient?" rief Teig; doch sein Vater hatte den Raum verlassen. Was er gesagt hatte, würde er auch tun.

Was war zu tun? Sicher wäre es gut, das Mädchen zu heiraten; aber doch noch nicht jetzt? Das wäre ein Ende des Spielens, Wettens und Trinkens. „Mein Vater ist ein Narr. Natürlich will ich das Mädchen heiraten; aber noch nicht, noch nicht jetzt." Mit diesen Gedanken wanderte er in die Nacht hinein, um sein Blut zu kühlen. Es war eine klare Nacht, der Mond halb voll, die Luft milde. Nach drei Stunden erinnerte er sich daran, daß es schon Mitternacht sein müsse. Schon klangen die Glocken. Da hörte er das Trappeln vieler Füße und Stimmen. Er verstand kein Wort. Die Sprache war weder Irisch noch Englisch. Plötzlich erblickte er etwa zwanzig Männlein, keine drei Fuß hoch.

Sie trugen eine Last. Teig zitterte. Ihm stiegen die Haare zu Berge; denn die Zwerge umringten ihn, und was sie getragen hatten, war eine Leiche! Ein graues Männlein rief: „Welch ein Glück, daß wir dich getroffen haben, Teig O'Kane!" Teig aber antwortete nicht. „Ist es nicht ein Glück, daß wir dich trafen?" Keine Antwort. Zum dritten Mal kam die Frage. Wieder blieb der Bursche stumm.

Das Männlein freute sich und rief: „Teig O'Kane hat kein Wort für uns. Jetzt können wir mit ihm tun, was wir wollen. Teig, Teig, du lebst ein schlechtes Leben. Wir können aus dir einen Sklaven machen. Da hilft dir nichts. Hebe die Leiche auf!" – „Nein, ich tu's nicht."

„Teig, hebe die Leiche auf!" Alle Zwerge drängten sich um ihn, lachend und schwatzend. Er versuchte zu entkommen. Sie folgten ihm, streckten ein Bein vor, und er fiel zu Boden. Sie hielten ihn fest. Gemeinsam hoben sie die Leiche auf und legten sie auf seinen Rücken, so daß die Arme sich um seinen Nacken legten. Er stand auf, schnaubend vor Wut, und versuchte, die Last abzuschütteln. Das gelang nicht. Wie in einem Schraubstock war er gefangen. „O weh, mein schlechtes Leben hat dem Kleinen Volk Macht über mich gegeben. Ich schwöre bei Gott und Mary, Peter und Paul, Patrick und Brigid, daß ich mich bessern will, wenn ich nur dies hier überlebe … und ich heirate das Mädchen!" stöhnte er.

Das graue Männlein sprach: „Teig, du hast die Last nicht heben wollen. Wenn wir dir sagen, du sollst die Leiche begraben, wirst du es auch nicht tun, bis wir dich zwingen."

„Was ich für eure Ehre tun kann, werde ich tun", sagte Teig. Aus Furcht beugte er sich der Übermacht.

„Höre gut zu, Teig. Du mußt diese Last nach Teampoll-Demuis tragen und sie dort mitten in der Kirche unter den Steinplatten begraben. Wenn da kein Platz ist, trage sie nach Carrick zum Friedhof. Wenn es auch da keinen Platz gibt, nach Imologue-

Fada oder nach Kill-Breeya. Irgendwo ist bestimmt Platz. Wir werden dir dankbar sein, wenn du es schaffst. Doch wehe, wenn du faul bist, dann geht es dir schlecht."

Die kleinen Männlein klatschten und riefen: „Marsch, los mit dir! Du hast acht Stunden Zeit bis zum Sonnenaufgang. Wenn du bist dahin die Arbeit nicht getan hast, bist du verloren!" Sie schubsten ihn, bis er auf dem Weg war, und trieben ihn an. Der junge Mann verbrachte diese Nacht auf schlammigen Straßen, krummen Wegen und schmutzigen Gassen. Oft fiel er hin, mußte sich aber sofort aufrappeln; denn das Kleine Volk trieb ihn voran, bis endlich der Ruf kam: „Halt, dort hinter den verkrüppelten Bäumen ist Teampoll-Demuis! Wir dürfen nicht mitkommen und erwarten dich hier."

Eine zerstörte Mauer, eine graue Kirche, dürre Bäume und eine schiefe Pforte waren zu sehen. Teig gelangte in die Kirche, nachdem eine hohle Stimme ihm verriet, wo der Kirchenschlüssel versteckt war. „Wer spricht da?" fragte Teig, dem der Schweiß herunterlief. „Ich bin's, deine Leiche", war die Antwort. „Kannst du reden?" – „Hin und wieder schon", tönte es von seinem Rücken hervor.

Die Kirche war stockdunkel. „Zünde eine Kerze an!" befahl die Leiche. In einem rostigen Kerzenhalter steckte der Rest einer Wachskerze. Er brachte sie zum Brennen. „Begrabe mich!" Teig schaute sich um. „Da steht ein Spaten!" wies ihn die Leiche an. Wirklich, neben dem Altar lag ein Spaten. Teig hob drei, vier Steinplatten in der Mitte des Chorganges auf und begann zu schaufeln. Wehe! Er stieß auf einen Körper, der sich aufrichtete und schrie: „Hoho! Fort! Fort! Geh oder du bist ein toter Mann!" Das war der schlimmste Augenblick dieser argen Nacht. Teig fühlte, wie ihm alle Haare zu Berge standen. Er deckte das Grab wieder zu, versuchte es an anderen Stellen. Überall war es dasselbe. Er legte die Steinplatten wieder zurück, verließ die Kirche, schloß ab, sank auf einen Grabstein und schluchzte bitterlich. Die Stimme befahl: „Carrick!" Ein knochiger Arm wies den Weg durch die Pforte. Weiter ging es, straßauf, straßab, bis er an einen Friedhof kam. „Begrabe mich hier!" hörte er. Kaum aber näherte er sich dem Platz, erhoben sich Hunderte von Gespenstern, wiesen mit ihren Fingern auf ihn, und er sah die Münder sich öffnen und schließen; aber kein Laut war zu hören. Er wich zurück und empfing den Befehl: „Imologue-Fada!" Weiter ging es in die Nacht hinein, bis er schier zum Umfallen erschöpft war.

Auf diesem Friedhof war ein offenes, frisch gegrabenes Loch. Ein schwarzer Sarg lag darin. Teig bückte sich und hob den Deckel. Der Sarg war leer! Kaum hatte er sich wieder aufgerichtet, lösten sich die Arme von seinem Nacken, und die Leiche fiel herunter. Die Last, die er acht Stunden lang geschleppt hatte, sank hinunter in das offene Grab. Teig kniete nieder und dankte Gott für die Erlösung, legte den Deckel auf den Sarg und stand auf.

Mit bloßen Händen füllte er das Grab mit Erde, trat sie fest. Als er aufschaute, sah er das Morgenrot am Himmel. Stolpernd erreichte er einen Gasthof, wo er todmüde auf ein Lager fiel und sofort einschlief. Als er endlich erwachte, erfuhr er, daß er 26 Meilen von seinem Elternhaus entfernt war.

Teig mietete sich ein Pferd und ritt zurück, zutiefst verwandelt und geheilt. Niemand erfuhr von den Ereignissen der Nacht, außer dem Vater, dem er alles beichtete. Zwei Wochen später war die Hochzeit. Mary gewann einen Gatten, der weder trank noch spielte, der abends bei ihr zu Hause blieb und glücklicher Besitzer des Gutes wurde. Mit der Leiche hatte er sein altes Selbst begraben.

Vom Priester, der Buße tat

Ein Bauer hatte drei Söhne, von denen einer auswanderte, einer Priester wurde und der älteste den Hof übernahm. Der zukünftige Priester ging zum Seminar in Athlone, wo er fünf Jahre verweilte, bis er geweiht war. Dann wanderte er heimwärts, um die Eltern zu besuchen. Am Abend des ersten Tages erreichte er ein Herrenhaus, wo er um Herberge bat. Der Hausherr schenkte ihm ein herzliches Willkommen und konnte nicht genug für ihn tun.

Der Priester war ein gutaussehender junger Mann. Als die Tochter ihm sein Essen brachte, verliebte sie sich in ihn. Kaum hatte er sich schlafen gelegt, besuchte sie ihn und bat, die Kirche aufzugeben und sie zu heiraten. Sie sei das einzige Kind. Er würde das feine Haus und das Gut erben.

„Sprich nicht weiter, ich bin der Mutter Maria angelobt und werde nie heiraten", sagte er. Sie ging fort.

Es gab eine goldene Schüssel im Haus. Zusammen mit einem Stück Fleisch steckte sie es heimlich in sein Bündel. Es war ein Feiertag, als er Abschied nahm, ohne zu ahnen, daß in dem Bündel Gold und Fleisch verborgen war. Er verweigerte das Frühstück, weil er freitags fastete. Das Mädchen aber lief zum Vater und sprach: „Das war ein schlechter Mensch, der gestern kam. Er hat die goldene Schüssel gestohlen, und ich sah, wie er unterwegs Fleisch gegessen hat."

Der Vater ritt ihm nach und fing ihn ein, brachte ihn zurück und rief die Polizei. „Ich hielt ihn für einen ehrlichen Mann, aber er ist ein Schelm!" erklärte er und zog die goldene Schüssel aus dem Bündel.

„Diese Tat verdient den Galgen!" entschied die Polizei. Vor allen Leuten wurde er abgeführt. Schon stand er am Galgen, da bat er darum, frei sprechen zu dürfen. Es wurde ihm erlaubt.

„Fünf Jahre habe ich studiert, um Priester zu werden. Nach der Weihe war ich auf dem Weg zu Vater und Mutter. Der Gutsherr nahm mich herzlich auf. Als ich schlief, kam die Tochter und verlangte, ich solle die Kirche aufgeben und sie heiraten. Das habe ich abgelehnt. Sicher war sie es, die mir das Gold und den Fisch ins Bündel tat."

„O nein, es war kein Fisch, es war Fleisch im Bündel!" rief die Tochter und verriet sich damit selbst. Jetzt wollte man sie hängen. Bevor ihr die Schlinge um den Hals gelegt war, sprach sie: „Oh, du Teufel, ich werde dich doch noch kriegen, im Himmel oder auf Erden!" Damit starb sie den elenden Tod des Hängens. Der junge Priester kehrte glücklich heim. Er baute eine Kapelle und gründete eine Gemeinde. Alle waren mit ihm zufrieden, denn er war ein guter Pfarrer.

Es lebte dort ein Gutsherr, der ihn zu einem Gespräch einlud. Sie gingen zusammen in den Garten, da kam eine Dame vorbei und schlug dem Priester auf die Wange. Es war die Gehenkte! Doch erkannte er sie nicht. Sie verschwand in einem Sommer-haus, wohin er ihr folgte. Wieder umwarb sie ihn mit allen ihren Künsten. Als er sie verließ, rief sie: „Erkennst du mich nicht? Du hast mich hängen lassen. Ich schwor, daß ich dich kriegen würde. Jetzt bist du verdammt."

Von dem Tage an fand er keine Ruhe, und schließlich ging er zum Bischof, um alles zu beichten, was geschehen war, und dieser sagte: „Nichts kann dich retten, du bist verdammt."

„Gibt es keinen Ausweg?" fragte der junge Priester.

„Keine Hoffnung, außer du verschaffst dir ein Päckchen fein-ster Nadeln. Nimm ein Boot und fahre aufs Meer. Wirf eine Nadel nach der anderen ins Wasser, und wenn du sie nicht alle wiederfindest und sie mir bringst, bist du auf ewig verloren." – „Das ist unmöglich. Dann bin ich verloren."

Trotzdem gehorchte er. Er beschaffte sich die Nadeln, stieg in ein Boot und warf eine Nadel nach der anderen ins Meer. So

segelte er drei Tage ohne Brot und Wasser, bis er Land sah, das
Boot festmachte und nach Menschen suchte. Nach vielen Stunden fand er ein Haus, in dem zwölf kleine Mädchen wohnten,
die ihm Nahrung anboten. Er erzählte seine Geschichte und
welche Buße ihm auferlegt war. „Wißt ihr einen Rat für mich?"
fragte er. Sie erklärten, daß jeden Tag ein Priester um 12 Uhr
zur Messe käme. Mit ihm solle er sprechen.
Der arme Mensch war so erschöpft, daß er die Messe verschlief.
In der nächsten Nacht legte er sich auf eine Egge. Trotzdem
verschlief er die Messe. „Wenn du Morgen nicht mit dem Priester sprichst, mußt du uns verlassen", sagten die Mädchen. Er
sammelte Dornen, machte ein Bett daraus und schlief darauf
ohne Hemd. Die Dornen quälten ihn, so daß er wach blieb. Er
nahm an der Messe teil und sprach mit dem Priester, dem er sein
Schicksal erzählte und welche Buße ihm auferlegt war. Der
Mann war ein Heiliger. Er gab diesen Rat: „Morgen früh gehe
in die nächste Stadt und in diese Straße, wo eine Frau Fische
verkauft. Bitte sie um den ersten Fisch, den du anfaßt, und gib
ihr 4 Pfennige, hier sind sie. Schneide den Fisch auf. Du wirst
alle Nadeln finden, die du ins Meer geworfen hast. Nimm den
Magen und die Nadeln, lasse den Fisch zurück, und alles wird
gut."
Der junge Priester befolgte den Rat, kaufte den Fisch, öffnete
ihn, nahm den Magen mit allen Nadeln heraus und warf den
Fisch weg. Dann kehrte er zu dem Haus zurück, wo er Nahrung und Unterkunft fand. Er gab den Mädchen seinen Segen
und kehrte heim.
Nach langer Reise besuchte er den Bischof, der die Buße ihm
auferlegt hatte.
Der Bischof sprach: „Du bist heimgekehrt?"
„Ja, das bin ich."
„Hast du die Nadeln bei dir?"
„Ja, hier sind sie". Und er zeigte sie dem Bischof.

„Wie mag das sein? Die Sünden, die auf mir liegen, sind größer als deine Sünden."

Von dem Tage an fand der Bischof keine Ruhe, bis er zum Papst reiste und beichtete. „Als ich diese Buße dem jungen Priester auferlegte, erwartete ich nicht, ihn je wiederzusehen. Ich meinte, daß er im Meer ertrinken würde."

Da sprach der Papst: „Die gleiche Buße, die du dem Priester auferlegt hast, mußt du dir selber auferlegen. Du mußt die gleiche Reise unternehmen. Jener Mann ist ein Heiliger."

Der Bischof ging fort und unternahm die gleiche Reise; aber er kehrte niemals zurück.

Die letzten drei Geschichten stammen von Douglas Hyde, der alte Quellen benutzte und den Stil der originellen Erzähler beibehielt. „Der Stein der Wahrheit", „Teig O'Kane" und „Der Priester" sind 1915 von Gerard O'Flaherty in der Irish Acadeic Press gedruckt worden. Die Rechte sind freigegeben.

Das heiterste Haus der westlichen Welt

Tom O'Sullivan war fest davon überzeugt, seine Nachbarn bestätigten es ihm, und der Wirt im Gasthof Zur Forelle trank darauf: Der Lindenhof war ein Ort der Heiterkeit! Er war nicht besonders groß; aber die Wiesen waren ohne Disteln, und die Kühe gaben reichlich Milch. Die Schafe trugen feine, dichte Wolle, die Schweine wurden fett, die Hühner legten genug Eier, und die Bienen schwärmten nicht fort nach dem Flug der Königin, sondern siedelten sich nach der Hochzeit wieder im Kreise der Linden an. Der Lindenhonig war weit und breit begehrt.

Woran lag der Segen? Ja, da hätte man wohl die Quellenfee fragen sollen, die im Brunnen wohnte und das klare, kühle Wasser spendete. Ein Trunk aus dem Brunnen stimmte die Knechte heiter, so daß sie den Tag mit einem Lied begannen. Wer dieses Geheimnis ahnte, war die junge Magd Meg, ein zierliches Ding, ohne Eltern und Geschwister, aus Mitleid aufgenommen und nun die unsichtbare Seele des Hofes. Sie war flink bei der Arbeit, geschickt im Kochen und Backen und erfindungsreich bei der Herstellung des Lindenhof-Käses, der seiner Kräuter wegen selbst in Dublin gerne gekauft wurde.

Ging sie zur Quelle und füllte den Eimer, murmelte sie: „Hab Dank, liebe Nixe!" Das tat der Nixe wohl. Sie schickte perlenden Tau auf die Felder und nährte die Wurzeln der Blumen und Bäume. Sie kühlte die Krüge mit Milch und sorgte dafür, daß die Libellen ihr ungestörtes Spiel treiben konnten. Am Abend kamen die Knechte mit Meg am Brunnen zusammen, um zu plaudern, Neuigkeiten auszutauschen und zu singen. Tom gab

Meg die alte Clarsach, eine irische Harfe, zum Spielen. Wenn sie eine Melodie oder gar einen Tanz spielte, dann spielte sie für die Nixe mit. Tom strahlte Zufriedenheit aus. Er beobachtete, wie die Kühe langsam einen Kreis um die Gesellschaft bildeten und lauschten und die Schafe sich herandrängten. Der Hirtenbub holte wohl seine Flöte heraus und stimmte ein. Selbst die Schweine hörten auf zu Grunzen. Man vermochte das Summen der Bienen in den Lindenblüten zu hören.

Jeden Abend vor dem Schlafengehen versorgte Meg den Herd für die Nacht und sprach den Smooring-Spruch, der wohl 1000 Jahre alt ist:

Die heiligen drei
Zu behüten,
Zu schützen,
Zu umgeben
Den Herd,
Das Haus,
Den Hof,
Heute Nacht
Oh an diesem Abend,
Diese Nacht
Und jede Nacht,
Jede einzelne Nacht.
Amen.

(Smooring the Fine, S. 94, Carmina Gardelica)

Meg schlief hoch oben in der Dachkammer. Sie liebte den weiten Blick über die Felder zum Fluß hinunter und hinein in die blauen Berge. Dann gingen ihre Gedanken zurück zu den geliebten Eltern, die so früh vertorben waren, und sie schickte ein Gebet ins Land der Wahrheit. Vor ihrem inneren Auge tauchte das Bild der Mutter auf, die Hände im Schoß gefaltet, nach langer Arbeit ruhend. Auch hörte sie wieder die Stimme des

Vaters, der vom Kelpie erzählte, dem gefährlichen Wassergeist in Form eines schwarzen Pferdes, der die Perlen unten im Brunnen hütet und den man nie reizen durfte; denn wer auch nur in Gedanken die Perlen begehrte, müsse mit seinem Zorn rechnen.

Damals wollte niemand das Mädchen aufnehmen, weil man die Krankheit fürchtete, die ihre Eltern hingerafft hatte, bis Tom O'Sullivan sie einfach abgeholt hatte, ihr die Dachstube gab und einen Platz in seinem Herzen. Rasch hatte sie in Küche und Hof Arbeit gefunden. Bald konnte sich niemand den Hof ohne Meg vorstellen, bis, ja bis Patricia einzog. Elf Geschwister hatte sie. Sie war die schönste der Töchter. Stolz und eingebildet war sie geworden. Als Tom um sie warb, gab sie ihm erst einen Korb; denn sie war an Freier gewöhnt. Der Anblick seines Hofes aber hatte sie überzeugt, es gäbe keinen wohlhabenderen Bauern als diesen.

Die Hochzeit wurde mit Glanz gefeiert, jedoch eine Aussteuer brachte sie nicht mit, nur Ansprüche und ihre ständigen Begleiter Neid und Eifersucht. Tom merkte lange nichts. Er war aus Verliebtheit wie blind geworden und geblendet von ihrem Lächeln. Bald begann ihr Leib zu schwellen, der Erbe kündigte sich an, und Tom wähnte sich glücklich. Stolz saß er neben Patricia am Sonntag in der Kirche, während Meg daheim am Herd wirkte, um das Essen zu kochen. Er ahnte nicht, daß seine Frau der Magd das Lob mißgönnte, mit dem die Speisen von ihrem Mann begrüßt wurden. Als ihr Rücken von dem Gewicht des Kindes schmerzte, rieb Meg ihn mit Comfry ein, gegen geschwollene Füße bereitete sie Calendula-Salbe aus Ringelblumen, und in das Bad der Herrin tat sie Rosmarinöl zur Kräftigung. Aus Honig und Apfelessig mischte Meg einen guten Trank, einem alten Rezept folgend.

Manchmal war es Meg zumute, als sei ein unsichtbares Wesen neben ihr und zeige ihr ein Kraut, eine Blume, die sie pflücken solle. In der Nacht träumte sie, wie die Salben, Tees oder heißen Umschläge mit diesen Kräutern hergestellt werden konnten, um Mensch und Tier zu heilen. Das erzeugte helle Freude in dem jungen Mädchen. Sie dankte aus übervollem Herzen für die Hilfe des Kleinen Volkes.

Der Tag der Geburt brach mit matter Wintersonne an. Kochendes Wasser wallte auf dem Feuer, die Hebamme bereitete alles vor, und Tom wurde fortgeschickt. Er suchte Zuflucht bei Meg, redete mit ihr über den Namen seines Erben; denn natürlich müsse es ein Bub sein! Zum Schluß tat er etwas Ungewöhnliches. Er bat Meg, sein Kind aus der Taufe zu heben. Meg glühte vor Glück, versprach es und meinte, sie solle jetzt wohl hinein zu Patricia gehen, um zu helfen.

Wildes, unbeherrschtes Schreien tönte aus dem Schlafzimmer. Tom schrak zusammen. War das seine Frau? Er floh auf das Feld, arbeitete und wollte vergessen. Meg war inzwischen voll beschäftigt, die vielen Forderungen der Herrin zu erfüllen. Ohne Pause arbeitete sie durch, während die Amme zum Essen ging. So war es Meg, die das Köpfchen zuerst sah, den schwarzen Haarschopf, die schmalen Schultern und schließlich das Kind! Ja, es war ein Bub, wohlgewachsen und mit einer Lunge begabt, die bald Amme und Gesinde herbeirief.

Während die Hebamme Patricia versorgte, ölte Meg das Baby ein und wickelte es in den feinen, warmen Wollschal, um es Tom in die Arme zu legen, der wie auf Flügeln nach Hause geeilt war, als die Botschaft ihn erreichte, er habe einen Sohn. Kaum konnte er seine Freude zähmen. Er strahlte sein Kind an, lobte die gewundenen Formen der Ohren, die Linien der winzigen Hände, die Stubsnase, das dunkle Haar der Sullivans. Mit ihrem Daumen malte Meg ein Kreuz auf die Stirn; so standen die drei dicht beieinander, um vor Schrecken auseinanderzufahren, als Patricia rief: „Vergißt du mich, Tom?" Schuldbewußt trat Tom an ihr Bett.

„Felix Tom, der Glückliche, soll unser Sohn heißen", sagte der stolze Vater mit Bestimmtheit und stellte damit den Frieden wieder her.

Aber sie bestand darauf, ihre Brüder sollten Paten sein. Es war aber Meg, die den Sohn des Lindenhofes zum Taufbecken trug, aus dem einfachen Grund, weil er nur in ihren Armen still blieb.

Rasch wuchs der Bub, oft band Meg das Baby auf ihren Rükken, um es bei der Arbeit zu tragen, denn Patricia war wenig geneigt, sich um den Sohn zu kümmern. Meg hörte die ersten Worte von Felix, führte ihn die ersten Schritte, er hing an ihrem Rockzipfel und saß beim Essen auf ihrem Schoß. Wollte Patricia ihn holen, klammerte er sich an Meg oder floh zu Tom. Er war voll Eigensinn; aber sein strahlendes Lächeln, seine warme Zärtlichkeit erfüllten den Lindenhof. Damit hatte die Herrin ihre Macht verloren.

Patricias Dasein war wie zerfressen vom Neid auf diese Magd: Felix im Kuhstall neben ihr, Felix beim Hühnerfüttern dabei, ohne Angst vor gackerndem Federvieh, Felix auf dem Schemel neben Meg beim Kneten des Brotes, beim Buttern oder am Waschtrog. Patricia lockte die Händler an, von denen sie Kämme, bunte Bänder und anderen Tand kaufte. Stundenlang stand sie vor dem Spiegel, um sich zu schmücken. Abends, wenn alle in der warmen Küche saßen, wenn gesungen, erzählt oder ganz einfach gelacht wurde; wenn Scherze hin und her flogen, Rätsel geraten wurden bei den Knechten, dann saß Patricia in der guten Stube, der kalten Pracht, wie es hieß. Tom versuchte in Ruhe die Zeitung zu lesen, sehnte sich aber zurück in die Zeit, als er noch beim Gesinde saß, im Winter am Herdfeuer, im Sommer am Brunnen. Er begriff, daß Patricia Herrin und nicht Bäuerin sein wollte.

Patricia spürte, daß sie die Liebe ihres Mannes verlor, und schmiedete Pläne, wie sie Meg fortgraulen könne. Dadurch öffnete sie ihr Herz den Geistern des Neides, des Hasses und der Eifersucht. Während die Einflüsterungen täglich heimtückischer wurden, brütete sie einen Plan aus. Sie wollte die Perlen des Kelpie gewinnen! Ihr Mann würde sie wieder bewundern und lieben, wenn sie die schimmernden Perlen am Halse trug! Ruhelos warf Patricia sich auf ihrem Lager hin und her. Die unsichtbaren Quälgeister ließen ihr keine Ruhe. Wenn sie endlich eingeschlafen war, wurde sie von häßlichen Träumen gemartert.

In die Dachstube aber strahlte das Licht der Sterne. Mit Staunen blickte Meg zum Himmelsgewölbe auf, wo die Venus in warmem Glanz leuchtete und Orion stolz seine Bahn schritt. Sie kniete nieder und betete, der Hof möge von den bösen Einflüssen erlöst werden, die sie fast physisch als Qual empfand. Die Herrin hatte nie ein gutes Wort für die Knechte. Sie verlangte mehr und mehr Arbeit; aber kein Lob kam trotz aller Anstrengungen über ihre Lippen. Meg spürte, wie das Vieh ebenso litt wie die Menschen.

In ihrem Garten wuchs das blau blühende Boragekraut. Bisher hatte Meg jeden Tag davon Blätter gepflückt und feingeschnitten unter den Salat gemischt; denn Borage macht heiter und belebt die Seele wie den Körper. Patricia hatte es bemerkt. Sie fühlte die rauhen Blätter, die feinen, fast stachelartigen Ränder und schrie: „Das erlaubst du dir in meinen Salat zu tun? Ich verbiete dir, solches Unkraut auf den Tisch zu bringen!" Was sollte Meg tun? Ohne die Wohltat des Borretsch würde die Heiterkeit bald verschwunden sein … aber war sie nicht längst gewichen? Nur Felix lebte in einer Wolke der Fröhlichkeit. Er warf sein strahlendes Lächeln auf jeden, ob Knecht, Kuh, Schaf oder Schwein. Sie alle liebten ihn, und er liebte sie alle.

„Mutter Maria und Brigid, du Helferin der Frauen, ich flehe dich um Rat und Hilfe an! Laß mich erkennen, wo meine eigene

Schuld liegt." Dann fiel Meg in einen tiefen Schlaf. Im Traum
sah sie sich selber und Patricia in einem anderen Leben. Damals
war sie, Meg, die Herrin. Alles war wie umgekehrt. Verwirrt
wachte Meg auf. Noch klang ihr eine fremdartige Sprache im
Ohr.

Der nächste Tag war schwül, die Bienen waren erregt. Tom
wußte, er müsse mehr Körbe für neue Schwärme schaffen. Die
Linden hatten selten so gut und reichlich geblüht. Die Bienenkörbe waren übervoll, und es gab keinen Platz für die Brut. Er
bat Patricia, Felix im Hause zu halten, weil Bienen bei diesem
Wetter stechen. Meg müsse ihm draußen helfen. Unwillig übernahm seine Frau die Aufgabe. Sie war recht vergnügt, als sie
einen Händler mit seinem Packen zum Lindenhof kommen sah.
Sie wollte gerne etwas kaufen. So stand sie in der offenen Tür
und feilschte, ohne zu bemerken, wie der kleine Felix in den
Hof lief. Er suchte nach Meg, fand die Gartenpforte offen und
rannte auf den kurzen Beinen in den Obstgarten, wo einige der
Bienenkörbe hinten an der Mauer standen. Tolpatschig schlug
er nach den Bienen, fiel auf die Knie und befand sich in einer
Wolke wütender Kämpferbienen, die ihren Korb bedroht sahen. Felix schrie und wälzte sich im Gras. Die Bienen stachen
ihn im Gesicht, auf Arme und Beine. Wäre Tom nicht mit
Riesenschritten zu Hilfe gekommen, wäre das Kind von dem
Gift überwältigt worden.

Meg eilte zum Komposthaufen, wo die Brennesseln wuchsen.
Ohne zu zögern riß sie mit bloßen Händen die Nesseln aus,
trug sie in die Küche und brühte sie mit heißem Wasser ab. Sie
nahm eine breite Schüssel, tat eiskaltes Wasser hinein, fügte den
grünen Sud hinzu, während Tom dem Kind, so sanft er konnte,
die Kleider vom Leib zog. Er selber hatte die Hände zersto-
chen; denn er fand Bienen im Haar, in den Kleidern, sogar in
der Faust von Felix.

Sorgsam senkten sie gemeinsam das Kind in die lauwarme, grüne Brühe. Welch eine Erlösung für Felix! Sein Weinen verstummte. Wohlig wendete er sich hin und her. In alten Kräuterbüchern hatte Meg gelesen, welche Kraft in den Brennesseln steckt, die Folgen von Verbrennungen jeder Art zu heilen, und siehe, es half. Aus Soda, sonst zum Backen benutzt, mischte Meg einen Brei. Nachdem Felix abgetrocknet war, tupfte sie die Bienenstiche damit ab, was den Schmerz weiter abklingen ließ. Dann brachte sie Felix zu Bett und setzte sich neben ihn, um zu singen und zu erzählen, wodurch das Kind von dem Schock abgelenkt wurde.

Tom aber war zornig. Er suchte Patricia auf, die nichts von dem Unfall gehört hatte. Sie war mit den neuen bunten Bändern auf ihre Stube geeilt und wollte ihrem Mann nun die Wirkung zeigen. Nie zuvor hatte sie ihren Mann so wütend erlebt. Er beschuldigte sie, das Kind in Todesgefahr gebracht zu haben, worauf sie ihn anschrie, sie könne doch nichts dafür, wenn das Kind immer der Magd nachliefe und lieber beim Gesinde sei als bei der eigenen Mutter.

Wortlos drehte Tom sich um. Er ging zu seinem Felix. Wie er nun den Buben mit glühenden Wangen im Bett sitzen sah, beide Augen auf Meg geheftet, die ihm ein spannendes Abenteuer der Bienenkönigin erzählte, da schlang Tom seine Arme um sie und dankte ihr aus vollem Herzen.

In diesem Augenblick trat Patricia ein, ohne Ahnung, was draußen im Garten vorgefallen war, denn sie hatte Tom kaum zugehört. Ihre Augen blitzten vor Eifersucht. Hätte Tom ihr nicht die Hände festgehalten, so hätte sie Meg wohl angegriffen. Felix heulte herzzerreißend! Meg floh in die Küche. Sie warf sich in die Arbeit, ihre Gedanken waren in Aufruhr. Bei der kurzen Umarmung war etwas in ihr erwacht, vor dem sie Angst hatte. Sie war kein Kind mehr. Sie durfte hier auf dem Lindenhof nicht länger verweilen. Aber wohin konnte sie fliehen?

Nun wird das Vieh im Sommer in die Weiden hoch an den

Berghängen getrieben, um die Heuernte im Tal reichlicher werden zu lassen. Es gab Hütten in den Bergen, Sheiling genannt. Meg hoffte, sie würde dort nicht nur Unterkunft, sondern auch Arbeit und Nahrung finden. Sie ließ alles stehen, nahm ein Brot, eilte in ihre Kammer, knüpfte das Notwendigste in ein Tuch und verließ den Hof, ohne gesehen zu werden. Bald ließ sie die gewohnte Ebene hinter sich und erreichte die Sheilings, wo mancher Hirte sie grüßte. Ein alter Bauer lud sie zum Essen ein, fragte nach ihrem Begehr und bot ihr gerne Unterkunft an, wenn sie beim Herstellen der Käse helfen würde. Dankbar nahm Meg die Stellung an.

Im Lindenhof herrschte ohne die Magd Chaos. Kein Essen wartete auf die Knechte. Der kleine Felix schrie nach Meg. Tom ging in den Gasthof Zur Forelle und versuchte, sich darüber klarzuwerden, was geschehen war. Nach fast fünf Jahren Ehestand war jede Liebe zu Patricia verflogen. Sie war nicht imstande, Hof und Kind zu versorgen. Ohne Meg wäre auch er in einer schlimmen Lage. Es dämmerte ihm, wieviel dieses Mädchen geleistet hatte, ohne je Lohn oder Dank zu verlangen. Sie gehörte zur Familie und war nun zur Frau geworden.

Patricia faßte den Entschluß, noch an diesem Tag die Perlen des Kelpie zu erlangen. Wenn Tom sie mit diesem schimmernden Schmuck erblickte, würde seine Liebe zu ihr heißer als je erwachen. Längst hatte sie sich eine lange Stange besorgt, ein Sieb daran gebunden, und nun schlich sie ungesehen zum Brunnen. Alles war still. Kein Laut störte sie. Sie tauchte ihr Netz tief in das Wasser, bis sie den Grund spürte. Nun fischte sie hin und her, bis sie etwas im Netz spürte. Sie zog Schlamm heraus; doch dazwischen glitzerten helle Perlen! Wieder und wieder stöberte sie unten am Grunde des Brunnens. Allmählich lag ein Häuflein Perlen vor ihr. Plötzlich stieß sie im Wasser gegen etwas Festes. Erschrocken wollte sie das Netz zurückziehen; doch aus dem Dunkel der Tiefe tauchte ein Pferdekopf auf, ein schwarzer Kopf mit nasser Mähne: das Kelpie, ein riesiger Hengst.

Patricia schrie und schrie, bis die Knechte gelaufen kamen, die bellenden Hunde und Tom selber vom nahen Gasthof. Ihm folgte der Wirt mit den Gästen, und sie alle wurden Zeuge, wie das große Tier die schutzlose Patricia ins Wasser zog. Gurgelnde Laute ertönten, Pferd und Frau verschwanden im breiten Brunnen. Hilflos standen die fassungslosen Menschen.

Dann hob Tom die Perlen auf und warf sie ins Wasser. Er nahm seine Mütze ab. Die Knechte folgten ihm. Wirt und Gäste traten hinzu, und Tom sprach ein Stoßgebet: „Herr, rette die Seele meiner Frau!" In die Stille hinein erklang der Ruf von Felix: „Vater! Vater! Ich will auf deinen Schultern reiten!" Tom nahm den Jungen hoch, küßte ihn und verließ die Menge. „Gehen wir jetzt zu meiner Meg?" fragte das Kind. „Ich weiß nicht, wo sie ist", antwortete Tom verzweifelt. Felix wies auf die Hundehütte: „Der Collie wird es wissen!"

Mit der Nase auf dem Boden folgte Collie der Spur. Hinauf in die Berge ging es. Schließlich erreichten sie die Hütte, wo Meg beim Melken war. Der alte Bauer begrüßte den Herrn des Lindenhofs mit Achtung. Felix umschlang seine geliebte Meg. Er zog sie hinüber zu seinem Vater und legte ihre Hand in die von Tom. „Du mußt nach Hause kommen und nie wieder weglaufen", sagte er ernsthaft.

Es wurde eine stille Hochzeit. Die Brüder von Patricia waren mit bitteren Klagen gekommen. Gemeinsam suchte Meg mit Tom alles für sie zusammen, was der ehemaligen Herrin gehörte, alle Bänder, Spiegel, Kleider, allen Tand. Und bald war der Lindenhof wieder ein Ort der Heiterkeit.

(Original)